# ヲ乙女図鑑《をとめずかん》

ヲタクで可憐な乙女たちの
過去とその世界について



01
THE WOTOME BOOK

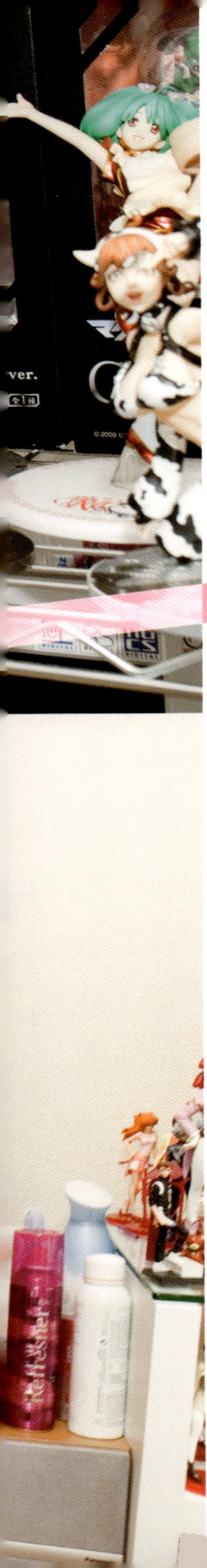

# ヲ《を》乙《と》女《め》とは……

## はじめに

「ヲ乙女（をとめ）」とは「ヲタク」と「乙女」を掛け合わせた造語です。趣味が傾倒している女性で、「オタク」や「ヲタク」と呼ばれることに抵抗を感じている人たちに使ってもらいたいと考えて作りました。

きっかけはある飲み会の席でのこと。「オタクって言われるの、抵抗あるんですけど、でも私、オタクなんですよね。」という女の子がいました。その子に対し、隣にいた男性が、「女の子なのにオタクなの？」と、問いかけたんです。そのやりとりを聞いた時、「オタク」って男性名詞だったか？と疑問が浮かびました。そこから、じゃあ、女性用って何？と考え「ヲ乙女」を思いつきました。

「オタク」を言葉の意味として見ると、〝趣味が傾倒している人〟と、なるので男女の違いはありませんが、世間で扱われているイメージを検索すると、概ね男性を表象するものばかりが出てきます。また「オタク女子」「オタクで女の子」というタイトルが踊る雑誌や書籍もあって、「オタク」＝「男性」の印象は不動のものとなっています。

「ヲ乙女」を思いついてから、知人で〝オタクの女性〟たちに、オタクではなく「ヲ乙女」と言われるのはどうか？という調査を始めました。すると言葉ではすぐに通じないものの、「ヲ乙女」と書いて見せると、すぐに良い反応が返ってきたのです。

その時、オタクになったきっかけなどを合わせて聞いていたのですが、そこに男性とは違う女性視点の物語があることを知りました。

これを芸能界でオタクであることを公言している女優やタレント、一般の女性まで幅広く聞くことができないか？しかも○○オタクや○○アイドルといった、細分化が続く業界と合わせて掲載することで一冊の図鑑にならないかと考え『ヲ乙女図鑑』の企画が生まれました。

本書は、これまでオタクだったけど公言できないでいる人から、オタクの女性に対し、偏見を持っている人まで、多くの方に読んでいただきたいと思います。

――著者／田中秀幸

# THE WOTOME BOOK

# 目次 Contents

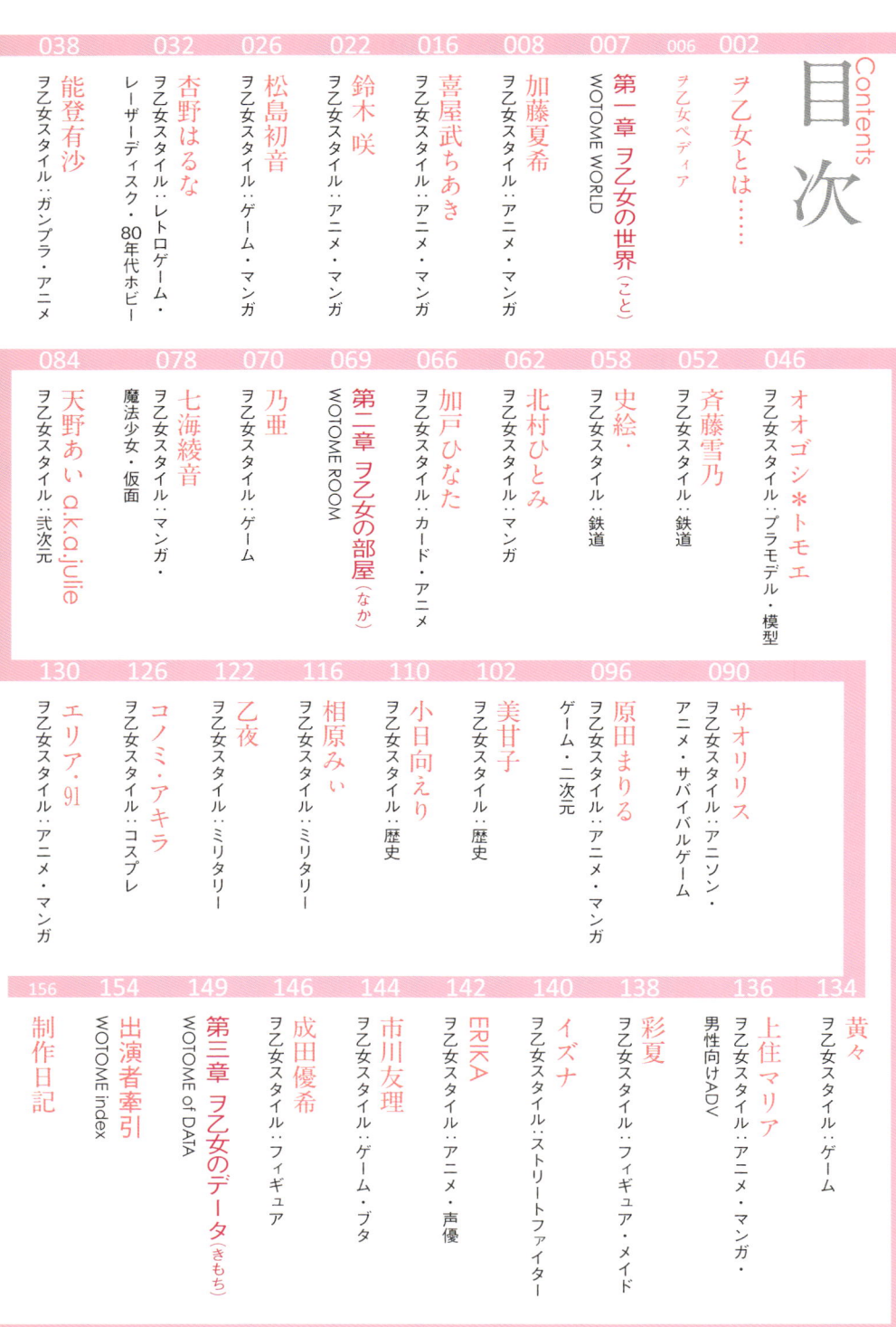

# WOTOME INDEX

# ヲ乙女ペディア WOTOME pedia

インタビュー中に登場する言葉の中で、知っておくと読み解き易くなるヲ乙女必須のワードを紹介。概ねわかる人は“こちら側”の人認定。

■ アーカイブ…………コスプレ専門 SNS のコスプレイヤーズアーカイブの略。Cure と合わせて登録するレイヤーが多い。

□ **アスラン**…………TVアニメ『機動戦士ガンダム SEED』に登場する主人公キラ・ヤマトの親友アスラン・ザラ。

■ アニマックス…………スカパー！やケーブルテレビで放送されているアニメ専門チャンネル。「アニメ見るならアニマックス」

□ **アニメージュ**…………月刊で発売されているアニメ専門雑誌。『風の谷のナウシカ』を連載していたことでも有名。

■ アニメディア…………アニメ専門雑誌。『アニメージュ』『月刊ニュータイプ』と合わせアニメ雑誌の御三家といわれる。

□ **合わせ（○○合わせ）**‥‥テーマに沿って集まり世界観を共有して遊ぶコスプレ専門用語。作品タイトルを頭に付けて使う。

■ 受（うけ）…………主に BL 用語。登場人物の“質”を表す。「S」と「M」ではなく「攻」か「受」。受には受の美学がある。

□ **薄い本／薄い系**…………同人誌が薄く製本されていることから、同人誌を指す隠語として使われることが多い。

■ エクシア…………TVアニメ『機動戦士ガンダム 00』にて主人公が搭乗するモビルスーツの機体名。GN-001 ガンダムエクシア

□ **FF（えふえふ）**…………ファイナルファンタジーの略。ゲームのバージョンに関しては後ろに数字を付けて使う。例）FF5

■ カードキャプターさくら……月刊少女漫画雑誌『なかよし』にて連載され、テレビアニメにもなった作品。今でも根強い人気を持つ。

□ **カウボーイビバップ**……テレビ東京にて放送されたテレビアニメ。ルパンとコブラが好きな男女は必ず見て欲しい作品。

■ カメコ…………コスプレイヤーを撮影するカメラマン。コスプレデビューする前にカメコでイベントに行くと勉強になる。

□ **ガロ系**…………『月刊漫画ガロ』に出てくる作品やそれに近い作品を指す時に使う。例）つげ義春『ねじ式』など

■ カヲル君…………『新世紀エヴァンゲリオン』に登場するキャラクター・渚カヲルを愛情込めて呼ぶ場合に使用する。

□ **菅野よう子**…………アニメ作品のスタッフロールに音楽／菅野よう子と出てくるだけで背筋が伸びる天才作曲家。

■ キラ…………本書の中ではガンダムシードの主人公キラ・ヤマトを指しているが DEATH NOTE の場合もある。

□ **キャラソン**…………キャラクターソングの略。最近ではキャラクターを演じている“中の人”が歌う場合が多い。

■ ギャルゲー…………本書の中では「美少女ゲーム」としての位置づけとなっている。代表作として同級生、ときメモなど。

□ **キュア**…………黒沢清監督の映画ではなく、コスプレイヤーが集う SNS コスプレコミュニティサイトの Cure のこと。

■ キャラホビ…………毎年夏に幕張メッセで行われているガレージキット・キャラクターグッズの総合イベント。色々と熱い。

□ **グラハム**…………テレビアニメ『機動戦士ガンダム 00』に登場する人物。グラハム・エーカー。乙女座。

■ ゲート処理…………プラモデルのパーツを切り離した時にできる切り跡をそのままに組み立てるとゲートの処理が甘いといわれる。

□ **攻殻機動隊**…………士郎正宗の漫画作品。映画のみならず神山健治監督により製作されたTVアニメシリーズも必見。

■ コスプレ…………本書の中ではキャラクターのコスプレ「キャラコス」を指している。コスチュームプレイというプレイではない。

□ **コピック**…………色数が豊富で彩色に便利なマーカー。デザイナーからイラストレーター、漫画家と愛用者が多い。

■ コミケ…………コミックマーケットの略。2010 年夏のコミケ来場者（参加者）は 3日間で過去最高の56万人となった。

□ **シード**…………TVアニメ『機動戦士ガンダム SEED』の略。2作目はデスティニーと略され使われることが多い。

■ シャア…………シャア・アズナブル。『機動戦士ガンダム』に登場する重要キャラクター。「坊やだからさ……。」

□ **JAC（じゃっく）**……本書の中では千葉真一が設立したジャパン・アクション・クラブを指す。現在は JAE となっている。

■ スミルノフ大佐…………セルゲイ・スミルノフ。TVアニメ『機動戦士ガンダム 00』に登場する人物。大人の男の姿を魅せてくれる。

□ **十兵衛ちゃん**…………テレビ東京にて放送さえた深夜枠のTVアニメ。柳生十兵衛の二代目が現代の女子高生となる設定。

■ スペランカー…………1985年ファミコンで販売されたソフト。主人公はアクションゲーム史上「最弱」といわれている。

□ **スレイヤーズ**…………シリーズ合わせて 1990年から刊行されている超人気ライトノベル。アニメも同じく人気は怪物級。

■ セーラームーン…………『美少女戦士セーラームーン』単なる魔法少女ではなく「戦闘」が加わることで新ジャンルを切り開いた作品。

□ **攻（せめ）**…………主に BL 用語。登場人物の“質”を表す。「S」と「M」ではなく「攻」か「受」。攻には攻の哲学がある。

■ 即売会…………同人誌即売会。同人誌を販売するイベントやその会場を指す時に使用する。英才教育は小学生から。

□ **ダブルオー**…………TVアニメ『機動戦士ガンダム 00』の略。ガンダムといえば宇宙世紀だが本作は西暦を使用している。

■ 男装…………女性コスプレイヤーが男性キャラクターにコスプレすること。普段の私服から男装しているわけではない。

□ **テニプリ**…………マンガからアニメ、ゲーム、実写映画、ミュージカルと進化を続ける『テニスの王子様』のこと。

■ ときメモ…………美少女に告白されることを目的とした恋愛シミュレーションゲーム。これまでに様々なバージョンを生む。

□ **なりきりチャット**……キャラクターになりきりチャット上で世界観を共有し楽しむ。ある程度のなりきる世界の知識が必要。

■ ニール…………『機動戦士ガンダム 00』の登場人物。ニール・ディランディ、通称ロックオン・ストラトス。狙い撃つぜ！

□ **ハガキ職人**…………ラジオや雑誌の投稿コーナーにハガキでネタを投稿し、それを糧としている人。ここから放送作家になった人もいる。

■ 林原めぐみ…………声優・歌手。ハローキティの付き人から綾波レイ、スレイヤーズのリナとその降り幅は無限ともいえる。

□ **ハルヒ**…………涼宮ハルヒシリーズを指す時に使用する。ライトノベルからアニメ、映画と一大ブームを巻き起こした作品。

■ BL（びーえる）…………ボーイズラブを略し隠語として使用する時に使う（有名すぎてもはや隠語ではない）。他、ベーコンレタスともいう。

□ **ファースト**…………本書の中では『機動戦士ガンダム』を指す。最初のガンダムということでファースト。

■ 牧場物語…………スーファミから登場。後継ソフトからは牧場経営だけでなく結婚もできたりギャルゲー要素も入った。

□ **ホビージャパン**…………本書では月刊ホビージャパンを指す。プラモデル関連の情報だけでなく製作要素も満載。

■ モデラー…………プラモデル愛好家。買うだけでなく作ることを趣味としている人。プロで活動している人をプロモデラーという。

□ **ラノベ／ライノベ**……ライトノベルの略語。人気アニメの原作も多数。例）スレイヤーズ、涼宮ハルヒの憂鬱、かのこん

■ レイアース…………『魔法騎士レイアース』なかよしで連載。アニメでも人気を博す。スレイヤーズではない。

□ **レイヤー**…………コスプレイヤーの略。レイヤーさんと「さん」を付けて呼ぶことが多い。詳しくは OTACOOL2 をチェック！

■ ワンフェス…………ワンダーフェスティバルの略称。フィギュアの同人イベント。有名無名の原型師が力作を持ち寄る。色々と熱い。

第一章

# ヲ乙女《をとめ》の世界《（こと）》

彼女たちが〝ヲタク〟として覚醒《めざ》め〝ヲ乙女《をとめ》〟になった理由《わけ》。

WOTOME WORLD

# Natsuki Kato

WOTOME WORLD 01

本当は爆薬の中を走って、ワイヤーアクションでジャンプキックをしたいなと思ってました

ヲ乙女スタイル：アニメ・マンガ

ヲ乙女の世界01

# 加藤夏希

## 全てのはじまりは特撮ドラマ
## 現場の英才教育で立派なヲ乙女に

### ゲーム世代とセーラームーン

　ゲーム世代だったので、小学校のときからゲームは家にありました。家族全員ゲーム好きで、みんなで『ダンスダンスレボリューション』をやって楽しんだこともあります。小学校3年生のときに家にパソコンがきて、オンラインゲームをしたり、パソコンの中に入っているゲームもしていましたね。

　そのころ読んでいたマンガは少女マンガの『なかよし』からスタート。セーラームーンが好きで、ひとつの部が終わると同時に『りぼん』に切り替えました。りぼんは好きでしたね。小さいところまで隅々、飛ばさず全部ちゃんと読んでました。特に好きだったのは『こどものおもちゃ』(こどちゃ)。小花美穂さんの作品はどれも大好きでした。こどちゃは自分が仕事をしていた年齢がちょうど重なってきて、周りの人はそんなにハマってなかったんですけど、**私は紗南ちゃんだって**自分を重ね合わせて読んでました。

### OVAとJAC

　秋田県はテレビのチャンネル数が少なくて、アニメの放送が少なかったんですよ。もっと観たいと思って、レンタルビデオ屋さんに行きました。そこで手に取ったのが『スレイヤーズ』のＯＶＡだったんです。中学生のころですね。手に取った理由はこのタイプのイラストを見たことがなかったので。でも、クラスで観ている人がいなくて、話し相手がいなくてちょっと浮いちゃいましたね。私は、これは東京で人気のアニメだ。と信じていましたけど(笑)。

　お仕事も始めていたので、上京する度に事務所の人に頼んで、アニメのものを売っている街によく連れて行ってもらいました。秋葉原もそうなんですが、よく行っていたのは中野です。最初にやったお仕事が特撮ドラマの『燃えろ!!ロボコン』で、そこで出会ったスタッフさん、ＪＡＣ(ジャパン・アクション・クラブ※現在はＪＡＥ)の方々が、私がアニメとかが好きということを知って「だったらこの特撮、見た方がいいよ」と『**宇宙刑事ギャバン**』を教えてくれたりしたんです(笑)。しかも、ただ勧められるんじゃなくて「爆薬は何回使ってるんだよ」、「ここはスタントを使ってなくて、この時代はみんな役者さんがやってたんだよ。夏希ちゃんもアクションをやるときに心に留めておかないといけないよ」という裏話も教えていただいて。英才教育を受けて育ちましたね。

　変身ものが大好きな少女が、いきなり仕事でロボットの着ぐるみに囲まれて、自分もロボット役じゃないですか。もう、現実との境界があやふやで、夢の中にいるというか、ディズニーランドに行ったときのようなわくわくした感覚でいたので、この子は何でも共感してくれると周りの大人たちが思ったのかもしれないですね。他にお勧めされたのは、『**ウルトラファイト**』。この番組はウルトラマンのアクションシーンだけの番組なんですよ。そりゃあＪＡＣの方はウキウキですよね(笑)。おかげで私はウルトラマンは戦いのシーンしかないんだと思ってました(笑)。仮面ライダーはストーリーがあるけど、ウルトラマンは戦いだけなんだなって。**その後にプロレスを観た時は、みんなウルトラファイトがやりたいんだなと思ったりしてま**した。でも、そのおかげで特撮の番組は意識して観るようになりました。

　ロボコンの次に『仮面ライダー』の平成シリーズが始まって、それはロボコンと違って現場でセリフを録れたり、カメラが変わって画面がキレイになってたり、いいなぁって思いで観てました。メインの俳優さんは知らなくても、スタッフロールを見ていると知っているＪＡＣ

の方や監督さん見つけて微笑んだり。アクションがやりたかったので、仮面ライダーは悔しかったですね。ロボコンで私の演じた役は戦いを上から見守る優しい女性だったんですけど、**本当は爆薬の中を走ってみたかったんです。ワイヤーアクションでジャンプキックをした**いなと思ってましたね。

## アニメから声優へ

それとロボコンのときは人間役の方と共演することがほとんどなくて、撮影はだいたい**着ぐるみの方々（JAC）**と一緒だったんですね。で、セリフは後でスタジオ録りするんです。色んなアニメを観るようになってたんで、自分と一緒に録っている方たちに知っている声がする！って。大御所がいる！ってわかったり。それ以降はアニメのエンディングで声優さんの名前を覚えていきました。これも中学生のころですね。

声優さんに興味を持ち出して、一番好きになったのがスレイヤーズのリナ・インバースの**林原めぐみさん**。衝撃的でしたね。林原さんの演じる役には、強く明るく元気な女性っていう共通点があって、ラジオも聞いていたんですが、林原さんの役とのギャップがなかったんです。**私この人になりたい！**って思いました。

## 高校生になって

高校で上京しました。同級生とマンガやアニメで共通の話題ができるのは、私が読んでいた時代のりぼんしかなかったんですね。魔法少女の話をしようとしても、「レイアースのこと？」って言われるんですよ。そうじゃない……って、同年代の子との溝が深まりましたね（笑）。

話が通じるクラスにいたオタクの子とは意見交換を頻繁にしてました。「『十兵衛ちゃん』観た？　絶対好きになるよ」とか（笑）。仕事で観れないことが多かったので、だいたいはビデオを借りてましたね。リアルタイムで観たのは、エヴァを東京に来たときにちょっとあるくらいですね。続きも観ようと思ったけど内容が難しくてそのときはやめちゃいました。作品を選ぶのは声優さん重視でしたね。**パッケージをすぐひっくり返して、裏を見て確認して（笑）**。観ているうちにだんだん耳が肥えてきて、クレジットを確認しなくてもこの声は誰とかわかるようになってきました。

林原さんが出ているものはチェックしてます。ポケモンではムサシとフシギダネ、ピジョンをやっていたので、ゲームでポケモンをやるときにフシギダネを強くしたりしました。あと、キティちゃんのショーをピューロランドに行ったときも、みんなはキティちゃんに騒いでいるのに、私だけ声が林原さんだということで、**違うところで大興奮（笑）。**

あと実家にカラオケの機械があって、マイクをつないで録音できるんですけど、誕生日プレゼントにテープレコーダーを買ってもらって、それをつないで林原さんの歌を流しながら自分も歌って録音して、まるでデュエットしてるみたいなテープ作って盛り上がったり（笑）。自分の中では林原さんと友達感覚でしたね。

その頃集めていたのはリナ・インバースグッズです。台本も手に入ったんですよ。手書きでセリフの変更が書いてあると、どのスタッフさんが書いたんだろうと気になったり、家でシナリオを見ながらアフレコしたり楽しんでました。

## 仕事半分趣味半分

アニメに関わる仕事も増えました。アニマックスさんの仕事は好きな声優さんに会えるって言われたので、1回目は『サクラ大戦』の横山智佐さんをお呼びしました。林原さんは、「すごく好きだったらもうちょっと置いておこう」って説得

『もやしもん』は原作からファンだったので、作品に関われることを大変光栄に思います。

されました（笑）。雑誌『ニュータイプ』の渡邉編集長と一緒の司会だったので、アニメの情報とか小話を聞くようになり、飛躍的に知識は増えていきました。特にガンダム系が多くて、女の子だったら『新機動戦記ガンダムＷ』を観たら？って教えてもらい観てみました。それでヒイロ・ユイを好きになって、ユイとの恋愛を妄想したりしてましたね（笑）。リリーナがピンチだと絶対助けに来てくれるヒーローらしい部分にきゅんきゅんして。当時、改めてエヴァを観直し始めたりもしていたので、シンジとのこの差！って（笑）。時代がこのヒーローを作ったんだなと感じました。でもシンジはヒーローじゃないって思ってましたね。

アニメは仕事半分趣味半分で観てました。声優の仕事はそれから徐々に来るようになりました。最初は『ハングリーハート』というサッカーのアニメに出させてもらいました。現場はすごくやさしくしてくださって、ただ自分が確実に足を引っ張っているのが目に見えてわかったのですごく悔しかったですね。走る吐息とか、私だと**特撮っぽくなっちゃう**んですよ。

アニメが好きで、アニメの仕事をやれていいなって思われていたかもしれないんですが、その中で私は私なりに悩んでいることもありました。ファンとしての目線と、その世界に入ってしまったなら声優さんていうカテゴリに入っていかなきゃいけないなっていう葛藤でも苦しみました。そんなときにエヴァのシンジ君を思い出して、役になりきれてるってすごいなって。女性が男性の役をやっているのもすごいなと思いました。

それを痛感したのはＷＯＷＯＷでやっていた湯浅監督の『カイバ』の最終回のお仕事をしたとき。皮肉な少年の役だったんですが、この役がうまくできなくて。これはシンジ君がミサトさんに反発心を抱いてふてくされてる感じかなって、何度も何度も観返して、練習しました。

そのときにご一緒した湯浅監督や、いろんな方と一緒にお仕事をして、アニメを観る視点が変わりました。今までは自分がアニメの中に入って、物語を作っていくとか何かを付け足すとか楽しんでいたんですけど、それができなくなりました。半面、この声はどうやって出したんだろうな、音楽のタイミング絶妙だなとか思うようになって、仕事の面ではプラスになりましたね。

ホラーアニメの**『地獄少女』**がすごく大好きで、自分がここに入ったら

こうしようとか妄想したことをブログに書いたことで、ありがたいことにその仕事がもらえたんですけど、好きだから現場に行くのが緊張するんです！

スレイヤーズの現場に初めて行ったときも、まずこの作品に私を呼んだのは間違いだ、足を引っ張ってこの作品を汚してしまう！　と思いました。私はきっと、自分が要求されていることに応えられないって重い気持ちで現場に行ったんです。**ファンだからこそつらかったですね。**

現場に行くと、ずらっとものすごい声優さんが並んでいて、この中で声を出さなきゃいけないのか！　って。……結局、そこではファンとして仕事が終わってしまいました。同じマイクで緑川さんと一緒にアフレコをしなくちゃいけないシーンは、タイミングはわかっているのに、緑川さんの声に聞き入っているうちに自分の出番が終わっていたり、声優さん達の掛け合いを聞いて、うまく声が出なかったり。それで結局別録りになってしまったんですよ。落ち込みましたね。ましてや女の子の役だったら自分の声のままやればよかったけど、**半魚人の役で、セリフは「ぎょ」だけ**だったんですが全然声が出なくて。ダメダメだったけど、ファンとしてはすごく嬉しかったです。

## もっと深く

社会人としてお金に余裕が出てきてからは、レンタル屋さんで借りる本数が増えましたね。一番観ていたのは『アニメ夜話』の司会をしていたときで、題材になっているアニメだけじゃなくて昔の作品やそれに関連するものも観ました。

アニマックスの番組をやっていたときにニューヨークに行くことがあって、そこで開催されていたアニメ祭のトークショーで菅野よう子さんにお会いして、そのイベントで観た『攻殻機動隊 STAND ALONE COMPLEX』のすごさに改めて気がつき、それに、作品を通じて世界共通の輪ができたことに感動して、自分も応援したい、できれば参加したいって強く憧れるようになりました。それで監督を務めていた神山さんのことが好きになって。ご本人にお会いしたときは、印象とのギャップに戸惑いが最初にあったんですが、繊細な作品群を観ていくにしたがって、もしかして人柄がすごく出ているのかもって思うようになりました。

仕事を通じて色んな方に会って、情報を知って知識がどんどん深くなっていく、それは今も続いています。

## 林原さんを越えたい

映画『羊のうた』で私が演じた役をアニメ版で林原さんがやっていたんです。そのときに林原さんを超えられなかったのがとても残念に思っていて、声では絶対無理だと思うから顔出しの役者として、林原さんがやった役を自分が演じたいと思っています。いま、バラエティ番組でエヴァのシーン再現をやって、綾波のコスプレにこだわっているのも、リベンジしたいって気持ちからです。できることならスレイヤーズの実写版で、リナちゃん役をやりたいですね。

それと渡邉編集長。その後、『時をかける少女』の製作を担当されたんですが、その時はなんで私じゃないんだって思いましたよ(笑)。次回作に期待していますから!

## やっぱりスレイヤーズが好き

今でもベストのアニメはスレイヤーズですね。最初に観たOVAは「ジェフリー君の騎士道」で、映画だと思って観始めたら、何このくだらなさ! って思ってから中毒になりました。

## この時代を皆さんと一緒に

アニメやマンガはいろんな方に受け入れていただけるジャンルになって、私もその中にいることを光栄に思っています。まだまだ勉強の身なので、新しい時代を皆さんと作っていきたいですね。

ツイッターを見ていただけると、あらいずみるいさんと私のやり取りが見れますよ。アニメは放送だけだと疑問が残るので、ツイッターでどんどん情報を発信してほしいですね。リアルタイムで伝わるし、そのときしか見られないし。

加藤夏希
Natsuki Kato

◉ 1985年7月26日生まれ
秋田県出身/ AB型
1999年『燃えろ!! ロボコン』ヒロイン・ロビーナ役で女優デビュー。以降、映画・ドラマ・舞台・CM・バラエティ・ファッションモデルと幅広く活躍。
『仮面ライダー龍騎 EPISODE FINAL』では史上初の女性仮面ライダーとなる。2010年7月より人気マンガ「もやしもん」の実写化ドラマにて長谷川遥役を演じる。

# アニメは日本人がもっと誇ってもいい文化で、その事実を国民全員に知ってほしい

## Chiaki Kyan

WOTOME WORLD 02

# 喜屋武ちあき

## グラビアアイドルの威を借るヲタ
## その出生の秘密と
## “胸”に秘められたる熱き思い

### 本の生活と叔父の趣味

小さいころはごっこ遊びが好きでした。それも人形で遊ぶんじゃなくて、妹と架空のお話の世界を作って遊んでいました。よくやっていたのは宇宙船ごっこ。家の中を宇宙船に見立てて、座布団が星になってその上をまたいで飛んだり。

お父さんが本の編集をしていたので、家の中に本がたくさんあったんです。毎晩、お母さんが色んな話を寝る前に読み聴かせてくれて、それもあって、想像して遊ぶのは私にとっては普通のことでした。屋根裏も本だらけなんです。

小学校のころは本ばっかり読んでいる子どもで、休みになると家族で毎週図書館に行って、本を借りてきて読んだりしました。もちろん友達と外で遊ぶこともありましたが、学校では**クラスのみんなから気持ち悪い扱いされて、**なじめない時期もあったので、家の中でひとりで本を読んだりゲームをする方が好きでしたね。

母の弟、叔父がオタクだったんですよ。レンタルビデオの店長をしてて、スーパーファミコンを持って来てくれたり、あと、アニメもよく観せられました。**叔父はセーラームーンが好き**で、ミュージカルを観に行くのに私と妹を誘って、行ったこともあります。ウルトラマンやゴジラに詳しくて、当時『うしおととら』が好きだったのを覚えています。今でいう**ガチヲタ**ですよね。父は純文学や歴史が好きで、マンガを読まない人でした。難しい本ばっかり読んでいて、そこにマンガ好きの叔父の影響も受けて、だから、私はふたりの要素が混ざっちゃってるんです（笑）。

小さいころに好きだった作家さんは新井素子さん。当時ライトノベルの基礎を作った人だといわれていて、高校2年で作家デビューしてアイドルのようにもてはやされていて、私の基礎も作った人です。中でも『星へ行く船』が好きで、そのころはSFやファンタジーものばかり読んでましたね。

叔父に教えられて一番ハマったものはゲームですね。叔父がいなかったらゲーム機は我が家に来なかったので。

マンガは幼稚園のときに既に『なかよし』、『りぼん』を読んでました。女家族なので少年マンガは遅かったんです。ジャンプを買いに行ったのも『ドラゴンボール』が好きになってからですね。

妄想が好きで、小さいころから自分で小説を書いていました。小3の夏休みに1冊分書いてまとめて自由研究として提出して、5年生のときは市のコンクールに出して賞をもらったこともあります。文章を書くことはそのころからずっと好きです。当時は自分の将来は小説家になるんじゃないかと思っていました。

### ふしぎ遊戯で遊戯

中学校のときに『ふしぎ遊戯』にハマったことがひとつめの転機です。夕方のアニメが流行っていた時期だったので、毎日観ていました。作品に関連するものを集めるようになって、キャラソンを買ったりとオタク的な生活が始まりました。ただ、母と妹も一緒にハマっていたので、交代でマンガを買いに行ったり、親子でアニメを観ていたので私だけというわけではなかったんです。

そのころは学校ではちょっと変わっていると思われていて友達が少なかったので、休み時間は相談室でマンガのトレースをしていました。トレース用紙を買って、好きなマンガの絵を写すんです。

好きだったアニメのふしぎ遊戯って、中学3年生の女の子が、図書室に行ったときに鉛筆が閲覧禁止の本棚へ転がっていっちゃって、そこにあった不思議な本の中に入っちゃうという話だったんです。実際に私も図書館へ行って、鉛筆を転がしたりしましたよ。**本気で作**

品の世界に行けると思っていました（笑）。

## ハイスクールアニマックス

泣き虫でちょっと弱くて友達もいない、そんな自分が嫌いだったから、高校は今まで同じ学校だった子がいないところに行きました。努力して明るく振る舞って友達がいっぱい作れるように頑張ってました。

クラスではマンガの回し読みが流行っていて、そこで『ワンピース』を読みました。新しい環境で仲良くなった子が、私の影響もあったのかオタクになってくれて、そこから一緒に行動するようになりました。ちょうど高校に入ってから、我が家にケーブルテレビとインターネットが導入されて、アニマックスを観始めました。そこから毎日アニメしか観なくなったんです。

ガンダムを観るきっかけになったのも、アニマックスですね。ちょうど観始めたときに『機動戦士ガンダムSEED』（以下シード）が始まることをニュースで知って、オタクだったらガンダムをちゃんと観ておかなきゃダメだと思って、ビデオ屋さんでファーストの『機動戦士ガンダム』を借りてきました。最初はなんだかよくわからなくて、シャアかっこいいなと思いながら観ていったら、物語がすごいなと思い始めてきて。戦いやロボットだけじゃなくて、物語や人間関係が面白いと気になる存在になり、何度も何度も繰り返し観て、登場人物の気持ちが繊細に描かれていることに気がつきました。そこまで好きになってからやっと富野監督の名前を認識して、この人はすごいと思いました。

この業界に入ってからも、何かとガンダムの世界に関するお仕事が多くて、色んな人とガンダムについて話すことがあるんですが、どれだけ話しても尽きることがないですね。それだけすごい作品だと思います。

ファーストを観たころにシードが始まったので、それで主人公のキラに萌えて、そのまま声優さんにハマりました。シードに出ている声優さんをチェックして、声優さんのイベントにも行くようになって、それからしばらくはアニメと声優さんの生活でしたね。アニメを観るとき、オープニングやエンディングのテロップに出てくる声優さんチェックは欠かさないようになってました。

## なりきりチャットの住人

高校の夏休みはずっと「なりきり

中野ブロードウェイに続く商店街入り口

活動中のアイドルグループ、『中野腐女シスターズ』と激似の『腐男塾』にゆかりの深い中野サンプラザを背景に。

チャット」をしていました。そこでなりきっていたのは、ファイナルファンタジーⅧのリノア。毎日プレーしていたので好きになりすぎて、**ずっとその世界に行ってましたね。**初めてホームページを作って、そこで小説を載せたのもFFⅧです。チャットでの交流は、朝まず「おはよう」って入って、ご飯食べて外れて、また戻っての繰り返しですね。だから夏休みだけでめっちゃタイピングが速くなりました(笑)。

その後、ブログを始めたのは短大のころですね。短大では幼児教育について学んでいました。母が亡くなって、そのときその気持ちを形に残そうと思うようになって日記を始めました。ちょうどこのお仕事も始めたころで、自分のことを書くのは好きでした。

## リミッター解除

仕事をするようになって、初めのうちはまったくオタクのことを隠していたんですよ。グラビアアイドルっていうのはそういうのを隠しているものだと思っていたので。そんな中、2004年の11月頃に中川翔子ちゃんと出会いました。翔子ちゃんの話をミスマガのオーディションで聞いていて、会ってみたいなと思っていたら、別のオーディション会場で会うことができたので、「私もオタクなんです」って話しかけました。2人で遊びに行くような仲になって、アニメが好きだって公に話してもいいんだっていうことをよく話し合っていて、それで**自分の中のリミッターが外れた**んです。そこから私がアニメ好きだったというのが業界にも広まって。

アニマックスでガンダムの番組に出させてもらったこともあって、それが初めて自分のお仕事とガンダムが融合したときですね。そこでリアルタイムにファーストガンダムを観ていた方々の熱い気持ちを知り、私のアニメへの気持ちが軽いものだなと気づかされました。生半可な気持ちでアニメオタクだと言っていたらいけない、私はまだ、生きてきた10数年分のアニメしか知らなくて、その奥の部分を知ってなきゃいけないと思って、アニマックスでも放送していた昔のアニメを観るようになりました。**アニメの歴史**にも興味を持って勉強しました。

おかげでアニメという文化がとても好きになりました。お仕事でアニメ評論家の方々にお会いして、愛があふれていて素敵だなと。自分もテレビに出たときはきちんと自分の言葉で説明できるようになりたいと思うようにもなりました。

## 妹も覚醒

コミケに行ったのは、この仕事を始めてからになりますね。『テニスの王子様』にハマって、それで同人誌即売会のイベントに行ったのがきっかけです。妹がそのころオタクになっていて、いつの間にか**私をはるかに超えていました（笑）。**私よりクオリティの高いホームページ作って、同人友達を作ったりとオタク活動にいそしんでいて、それでイベントに一緒に行きました。

## はみ出す円グラフ

生活の中で7割がオタクのことで、内訳は4割がアニメ、1割マンガ、2割がゲームですね。残りは食べ物と仕事と……全部合せると100％以上になっちゃいます（笑）。なんでも全力でやりたいと思っていて、そうすると**時間が足りない**ですね。普段は移動中にゲームをしているかと思ったら小説を読んで、マンガを読んで……と色んなことをしています。今は仕事と趣味が重なっている分、良かったと思う半面、人生そのものが仕事であり趣味になってしまうので……複雑な気持ちもありますよ。でもできることは何でもやっていきたいです。

## もしも願いが叶うなら

時間をもらって、据え置きゲームで積んであるソフトをやりたいです。DSやPSPは移動中にやれるけど、家で過ごす時間がないので、据え置きはたまっちゃいますね。今プレーしてるのは『戦国BASARA』です。DSでは『ときめきメモリアル』をやってます。ずっとデートしてますね。

## マンガは1万冊を超える

コミックは常に買ってますね。今は妹と暮らしていて、場所がなくて本が増やせないので、マンガ喫茶に行って読むことが多いです。時間が空いてマンガを読みたくなると、マンガ喫茶に行って勧められたマンガを読んだりしています。実家には**1万冊くらい**あるんじゃないですかね？　割合は、少女マンガが5割で、少年マンガ3割、青年マンガが2割くらいかな。女家族なので、青年コミックを読むようになったのは大人になってからです。最近面白かったのは『女帝』ですね。マンガ喫茶で全巻読みました。青年マンガはいっぱいありすぎてどれを読んだらいいかわからないので、詳しい方に教えてほしいです。男性が詳しいと思うんですけど、**男性と話すことが少ないので（笑）**。勧めてくださる方がいたら是非！

## アニメ大国である誇り

色んなジャンルの中でアニメが一番好きで、関わっている人をすごく尊敬しているので、自分もそこに近づきたい、広めたいと思っています。アニメは日本人がもっと誇ってもいい文化で、その事実を国民全員に知ってほしい。

今、アニマックスで『創ったヒト』というアニメに関わる番組をやっているんですが、それが終わってしまうので、そういうアニメに関わる方を呼んで、アニメに関する歴史を紐解いて伝えていくような番組をやりたいです。映画や小説と同じメッセージが込められているアニメ作品が中にはあるということを知ってほしいですね。昔からの偏見はまだ残っていると思うので、それも徐々になくしていきたいです。

お勧めのアニメは、『電脳コイル』、あとは『コードギアス 反逆のルルーシュ』や『機動戦士ガンダム00』も。

女の子が見て、**単純に「この人かっこいい！」**ってきゃっきゃとできるものって大切だと思うんですよ。それで好きになっていろいろ知ると、世界観がものすごいことになっていて……。それでもっとガンダムの世界に興味を持ってくれるとうれしいですね。

私はそういう良い作品を観ると、作った人のことを考えて涙が出そうになります。

最近心にグッときたのは『イナズマイレブン』ですね。主人公の円堂くんが、やる気のない部員たちをまとめて強くしていく話なんですが、円堂くんはものすごく心が熱くて、部員たちはその熱さに心ひかれていくんです。落ち込んでいる部員がいたらすぐに励ましに行くし、円堂くんみたいな上司がいたらついていきたいと思いますね、放送の中では「キャプテン今日の格言」ていうコーナーがあって、**「何もやらないうちからあきらめるな」**とかその日の名セリフが出るんです。これを見ている子どもも、いや大人もぜひ円堂くんを**見習って**ほしいですね！

## やってみたいこととメッセージ

原作がやりたいです。物語を作るのが好きなので、お話づくりがしたいです。小説も書きたいと思っていて、私の作ったものがメディアミックスされたらいいですね。物語を書いて、色んな人に何かを伝えることがやりたくてこの仕事をしているようなものなので。そういう形でマンガやアニメ、ゲームに関わっていけたら最高ですね。

物事にハマれない人って意外と多いんです。でも短い人生それだと寂しいしもったいないと思います。自分が好きなものに熱くなったり、好きになることはすごいことだし、もっと突き詰めてほしいですね。何かを好きなことは人生の潤いにもなるし、趣味や特技にもなるし、そういう人は魅力的だと思います。勉強でも仕事でもスポーツでも、集中できることがあれば人生楽しくなりますよ！

中野駅には中野ブロードウェイ、中野サンプラザがある。
彼女の活動を見守る上で必要不可欠の場所でもある。

### 喜屋武ちあき
Chiaki Kyan

◉誕生日 3月13日
埼玉県出身／O型
ミスマガジン2004セミファイナル
グラビアアイドルの威を借るヲタアイドルグループ『中野腐女シスターズ』ではキャプテンを務める。『腐男塾』というアイドルグループにはよく似た武器屋桃太郎がいる。類い稀なる幼女顔と悩殺ボディ、他のアイドルからの追随を許さないガンダム知識。グラビアのみならずバラエティ番組の司会としても活躍中。

おじさんが魅力的だと、よし、観よう！って気合いが入りますね（笑）。
ヲ乙女スタイル：アニメ・マンガ
Saki Suzuki
WOTOME WORLD 03

ヲ乙女の世界03

# 鈴木 咲

## アニメとマンガに夢中になって 気がついたら“こちら”の住人に

### セーラームーン世代

保育園から小学生時代は『セーラームーン』がどんぴしゃなんです。『なかよし』をお母さんに買ってもらって、火曜日の夜に放送されるアニメを観て。とにかく夢中でしたね。『なかよし』でやっていて好きだったのは他にも『魔法騎士レイアース』、『カードキャプターさくら』、『怪盗セイントテール』とかですね。周りはりぼん派で、私だけなかよし派でした。マンガは家族共有で、手塚治虫からジャンプ作品までお父さんも好きだったこともあって色々ありました。

撮影協力／コミック＆インターネットカフェ【アプレシオ新宿ハイジア店】

## イケメンアニメ『最遊記』

中2のころに観たアニメの『最遊記』が面白くて、かっこいい人ばかりでてくるんですよ。今でも好きなんだけど、ちょっと恥ずかしいですね（笑）。かっこいいなと思ってマンガを買って。それから気になったアニメはマンガを買うようになりました。それと、マンガをたくさん持っている友達がいたので、その子に借りてました。たくさん読むようになって、あんまり覚えてないんですけど、だんだん少女マンガから少年マンガにシフトしていきました。

部活は最初情報科学部に入ってやめて、途中で美術部に入ったけどそれもすぐやめて、ほぼ帰宅部でしたね。家に帰るとずっとNHKを観てました。NHK教育テレビは面白かったですよ！『ハッチポッチステーション』が好きでした。あと学校を休んだ日に観る**『ざわざわ森のがんこちゃん』がたまらなかったですね。**

## 同人・コスプレ・おじさん

高校は市立の女子校に。高1の冬くらいかな。そのころネットがうちに導入されて、最初は個人がオリジナルで描いた4コマのサイトとかを見ていたら、そこから同人サイトにあやまって飛んでしまい（笑）。**それでそっちに入っていきました。**最初はギャグっぽく面白く描いているところから入ったのでわりとすんなりいけましたね。見ていた同人サイトでコスプレ写真も載せている人がいて、サイトに一緒にイベント行く人の募集が出ていたのを見て、連絡して一緒に行くようになりました。コスプレしたのは最初は『NARUTO』かな。人に借りて着て、面白いなと思ってハマりましたね。男装ばっかりやってました。普段女の子の格好はできるから、男の子がやりたくなるんですかね。特に何をするわけでもなく、コスプレの衣装を着て友達ときゃっきゃしているのが楽しかったです。趣味が合う友達がたくさんできたのがよかったですね。イベントは月2、3回は行ってましたね。友達同士で集まるのが目的でした。

そのとき、アニメ『テニスの王子様』（以下テニプリ）を観て好きになりました。テニプリを好きになって友達がすごく増えたのをよく覚えています。好きなキャラは氷帝学園の忍足侑士です。**メガネのキャラクターが気持ち悪いんですけど好きなんですよ。**

あとはマンガ喫茶へ行って色んなのを読みあさったり、古本屋へ行ったり。夢中になったのは、テニプリとあとは『鋼の錬金術師』ですかね。みんなキャラが魅力的で、全体的に好きだったので特にこのキャラが好きっていうのはなかったですが、ヒューズが死んじゃったのがショックでしたね。あとは出てくるおじさんが魅力的だったので好きでした。どんな作品でも**おじさんが魅力的**だと、よし、観よう！って気合いが入りますね（笑）。アニメは『カウボーイビバップ』や『攻殻機動隊』も好きで観てましたね。『機動戦士ガンダムSEED』もハマってました。地球連合のオルガ・サブナックが好きでした。

## 高校を卒業して

大学は美大に行きました。高校の美術の先生が美大でも教えていた人で、誘われたんです。「好きなことしかやらないでしょ。向いてるからおいでよ」っていう感じで。他に何になりたいという目標もなかったので。受験のために学校でデッサンの勉強とかをして、美大の造形科に入りました。途中で事務所に入って東京に出てきたので、2年でやめちゃったんですけど。

事務所に入っても、時間があったらマンガを読むような生活は相変わらずでしたね。そのころ『ジョジョの奇妙な冒険』を勧められて読みました。ジョジョは3部が好きですね。キャラでは全編を通して3部のジョセフが一番好きです。一番印象に残っているシーンは、ダービーの自分で仕掛けたつもりが仕掛けられちゃったところです。2部だったらジョセフが主役だからうまくやってるんだろうな、衰えたんだなって思って悲しかったですけど(笑)。

**ずっと好きなのはパトレイバーと、攻殻機動隊です。**

攻殻機動隊は好きだけどそこから押井守さんにハマるとかはなかったですね。男の人って監督とか作画とかそういうのから入る人が多いと思うんですけど、私はそういうのはなくて、作品が面白いから観るという感じです。あと音楽は菅野よう子さんが好きですね。他にも坂本真綾さんとか。『ラーゼフォン』や『カードキャプターさくら』は音楽も好きで観てました。

## 趣味と仕事

『機動戦士ガンダム00』の間に入るCMに出させていただいたことがあったんですが、好きな世界と一緒に仕事ができたことはとても嬉しい出来事でした。芝居はすごく下手だったんですけど(苦笑)、このお仕事していてよかったなぁと思いましたね。あとは直接仕事には結びついていないんですが、**ジョジョ好きな方が多いので、話のネタになるのがいいですね。**

最近はギャグマンガばっかり読んでます。疲れているんですかね(笑)。『ハイスコア』という作品は面白いですよ!

## これからは

大変だとは思うんですけど、声優のお仕事とかやってみたいですね。他にも深夜にやってるアニメ情報番組の司会もやってみたいし、ゲームショーのお仕事もやりたいです。色々チャレンジしていきたいですね。

## お勧めです!

パトレイバーは本当にお勧めなので、みんな観てください! 私のおすすめは後藤隊長と榊班長です。榊班長を見ると、あぁ**広い背中だな～**とかにやにやしますね(笑)。このアニメは原始的な戦いが描かれていて、ロボットなのに地面を走ったりするところとかが好きです。みんながパトレイバーの良さを知ってくれたら嬉しいですね!

鈴木 咲
Saki Suzuki

◉1987年11月3日生まれ
愛知県出身／ O型
現役美術大学生
グラビアからタレントまで
SUPER GT 2009 イメージガールに選出
「小学館・第4期 sabra ブロガール選手権グランプリ(講談社)
BA5メンバーの控えめな胸が切ないAカップアイドルとして活躍中
好物は漫画とアニメと渋いおっさん

# Hatsune Matsushima

WOTOME WORLD 04

## 何これ？ みたいなシュールなゲームが好きなんです（笑）。

ヲ乙女スタイル：ゲーム・マンガ

ヲ乙女の世界04

# 松嶋初音

## 妄想少女とゲームの出会い 奇妙を求めて今日も行く

### ひとり遊びと妄想の日々

ひとりっ子だったので、小さいころはひとりでずっと何かをしていました。おもちゃとかあんまり買ってもらえなかったので、箸で遊んだりとか（笑）。ひとり遊びが得意でした。じゅうたんの編み目を数えたり（笑）、自分のルールを作っていて、スキップするのも遊びだったし、べたっと床にはりついて、**「私は床！」**って言ったりしてました。

小学校に入ってからは、**絵を描くのが好きだったんですが、描いてたのは変な絵ばっかり（笑）。**そのころ白黒の初代ゲームボーイがあったので、『牧場物語』を中古で300円くらいで買って、それを1年くらいやり続けましたね。ずっとやりこんでると、勝手にお金が入って、畑も勝手に作物ができてくるんですよ。

テレビはあんまり見ませんでした。ずっと絵を描いているか、自作の小説を書いているか。小説は、自分の名前が入っている子が主役で、好きな子の名前が一文字入っている子を相手に、何の脈絡もなく付き合って結婚するっていう話を書いてました。あとは空に浮かんでいる雲を見ながら妄想して、自分がそのまま冒険に行くことを考えて心臓がギューっとするのを感じたり。**空を見たまま歩いてしまう子でしたね。**

妄想は保育園のころから始まってて、イメージが強すぎるというか、想像していたのをそのまま夢に見たりしてましたね。あと、普通に遊んでても妄想が現実を占拠してしまうこともあって。例えば、昆虫採集をしている子がいると、その虫が出てきて、体中について服みたいになっちゃうとか。そのイメージが気持ち悪くて勝手にオエーってなったりしてました。

### プレステ奮闘記

学級委員や生徒会をやってました。もともとリーダーシップを取るのが好きな子どもだったので。クラス委員になってしおりを作ったりしてましたね。中の絵を少女マンガ風に描いたり、楽しんでやってました。部活はバスケ部に入っていました。そのころには我が家にプレステがきたので、『クラッシュ・バンディクー』や『クレイマン・クレイマン』にハマってました。『クレイマン・クレイマン』はアメリカからローカライズされていたソフトで、キャラクターが粘土で動くクレイアニメだったこともあって好きでした。

プレステが最初家に来たとき、プレステの電源入れて、テレビにつないで、ジャーンって音が鳴って、それで**メイン画面見たまま小1時間……。**いつゲーム始まるんだろうなーって見つめていました（笑）。お母さんに「ゲームが始まらない」って聞いて、そしたら「ソフト入れるんじゃない？」って言うから、持ってたゲームボーイのソフトを色々と入りそうなとこに試すんですけど入らないし（笑）。じゃあCDを入れたらそれがゲームになるんだと思って、お母さんが持っていたCDを入れてみたら音楽が鳴り出して（笑）。**それでまた画面をボーッと見て……。壊れてるんだって思ってゲーム屋さんに持って行ったんです。**買ったのにゲームできない！って。店員さんもおかしいなって親切に応えてくれて、ソフトは何をいれたんですか？って聞かれて、そこで初めて専用のソフトがあると知りました。しかも値段が高すぎて、お金がなくて買えなかったんですよ。そしたらお店のお兄さんが哀れんでくれて（笑）、『パラサイト・イヴ』を貸してくれました。けっこうやりこんだんですけど、最後の方までいくと、どうしても行き詰まるんです。どこに行ったらいいんだっけ？って考えるうちに、もうわけがわからなくなって、で、最初からやり直すんです。で、また最後らへんで、あれ？ どうしたらいいんだっけ？ ってなって。また最初からやり直して……。結局クリアできずにいると、友達が「ときメモって知ってる？」って、『ときめきメモリアル』を貸してくれました。ときメモに裏技があって、「コナミマン」ていう名前にすると、全ての数値が最高の999から始まるんですよ。勉強も運動も万能！ でも、**疲れも999から始まるので、彼女ができても寝過ごしちゃう（笑）**。これをひたすら毎日「寝る」を選択して、で、散々寝てすごして疲れがなくなったら、もう女の子にモテモテですよ。今日はあの子、今日はあの子って。モテモテってこういうことなんだって楽しみました。

ゲームはアクションが好きでしたね。RPGが苦手で……。決められたところに行くのがダメなんですよね。なんでこの人の話を聞かなきゃいけないんだろうって思っちゃって。それに見返りがないのでダメなんですよ。**人を助けても、ご褒美がもらえない**ことが多いし。その点アクションはやれることが増えていくから好きです。

そのころは色々な夢を持っていました。建築家やデザイナー、喫茶店をやりたかったんですね。ただのカフェじゃなくて、子どもが入れないような、レンガで作られてて魔女がやっているようなお店。チェコアニメやクレイアニメが好きだったので、その影響もあるのかな。自分で建築して、デザインしてやりたいなと思ってました。絵を描くのは相変わらず好きだったので、白い紙があったら常に落書きしたりしてました。

## 定時制からグラビア

行きたい高校もあったけど、お金がかかるので定時制を選んで、**バイトして自分で学費を払って登校してました。**でもこの仕事を始めるようになると学校に行けなくなっちゃったんです。すぐに決まったのが**ミスマガジン**で、最初はマガジンも読まないし、そのすごさがわからなかったんですよ。でも、わかると同時にどんどん仕事が入ってきて、バラエティにも出て、ありがたいことにほぼ毎日仕事が入るようになったんです。グラビアの仕事は朝早いのが多く、テレビの仕事は夜からが多かったので、定時制の夜の授業に行けなくなって。それで仕事が順調だから、今はそっちをがんばろうって思って、途中でやめたんです。

自分で働いてお金をもらえるようになったら、ゲーム機を買うようになりました。あるとき、膝の手術をすることがあって、入院もするからアドバンスSPのピンクをベッドに持ってきてたんですね。でも飲み物の中に落として壊してしまって……。もう、これでもかってくらい泣いて騒いだらお母さんが新しいのを買ってきてくれました(笑)。でもその壊した経験からゲームが自分にとって**大切なもの**だって気がついたんです。しかも、壊したゲームボーイを任天堂に送ったら無償で直してくれたんです。

## ピカチュウ知らない

小学校のときになりますが、ポケモンはやりこみました。きっかけがおもしろいですよ。全く仲が良くない友達に、いきなり「ピカチュウ描いてみてよ」って言われたんですよ。で、私はそのときやってないし知らなかったから、違う絵を描いたら**「ピカチュウ知らないの!? ださーい」**って言われて、悔しかったのでそれから始めました。でも、戦いに行くのがすごく怖くて(笑)。RPGというものを知らなかったので、レベルっていう概念もあまり理解していなくて、レベル5くらいの敵に対してこっちはレベル30くらいまであげていって戦ったり(笑)。対戦バトルになったら怖すぎて小一時間くらい、画面そのままに置いておくとか。で、バトルしてみたら圧勝も圧勝で(笑)。それからも四天王に挑むときも、レベル55くらいなのに70くらいで戦いに行ってましたね。レベル100くらいだったらどうしようって思ってたんですよ。絶対負けたくなかったんです。結局どれも瞬殺に近い状態で勝ちましたけど(笑)。

ポケモンの前は、『もんすたあ★レース』にひとりでハマっていたんですよ。モンスターを捕まえてきて、競馬みたいに走らせて一番になるっていうゲーム。私があまりにハマってやっているのを見て、友達がだんだんハマってきて、うちのクラスだけ大流行しました(笑)。

## クラッシュバリバリ伝説

『クラッシュ・バンディクー3』のステージ3はクラッシュの妹が虎に乗って、全力疾走で万里の長城を走り抜けて行くというものなんですけど、みんな30秒くらいかかるところを私は15秒くらいでいけます。そのスコアはけっこういいんじゃないかと自信がありますね。

## 好きなゲームは

いっぱいありすぎて悩みますね。Wiiで気に入ってるのは『カドゥケウスZ 2つの超執刀』。医療もので、手術をするゲームです。Wiiコントローラー・ヌンチャクで使う器具を選んでオペしていって、失敗が続くと怒られたりします(笑)。その続編になる『ホスピタル 6人の医師』は救急患者を助けるもので、それもハマりましたね。

バーチャルコンソールでダウンロードしたソフトもけっこうあります。飯田和敏さんの『ディシプリン＊帝国の誕生』がすごいんですよ。主人公が収容所に入って、他の収容されている犯罪者の人の心を開いていきながら謎を解いていくんですけど、その収容者は実際に事件を起こした犯罪者がモデルになっているように〝見える〟んです。全員救ってクリアすると、その人たちのサイドストーリーが見られて、ちょっと変わったゲームなんですけど、かなり面白かったです。

プレステ3では配信のソフトで、『ゴミ箱 -GOMIBAKO-』が面白いですね。画面いっぱいにゴミ箱が出て、上からいろんなものが落ちてきて、それをいかにちっちゃくしてあふれないようにしておさめるのかっていうゲームなんです。

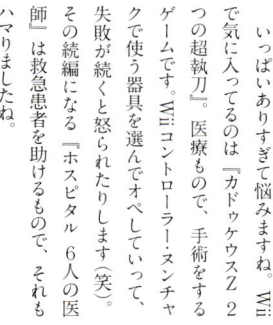

撮影協力／スーパーポテト　秋葉原店　＜レトロ館＞

『龍が如く』や『HEAVY RAIN ―心の軋むとき―』もハマりました。ヘビーレインは何でもさせられるんですよ。自分がその人を本当に操作できるような感覚になるほど入り込めますね。あとは『レールファン』もやりました。『電車でGO!』のリアルバージョンといった感じで、操作もけっこうしっかりやらないといけなくって、ちゃんと今の景色が流れるようになってるんです。

X box 360は『LIMBO』っていうのが面白かったです。妹がいなくなっちゃって、それを助ける内容で、困難を乗り越えて助けに行くんだけど、ゴア表現がけっこうあって。主人公の子どもが他の子どもをひきずったり、踏みつけたり残酷なんです。淡々と迫ってくるのが怖くて刺激がありすぎるんですが、年相応の人がやれば楽しいと思います。

シュールなゲームが好きですね。みんなが好きなものは、やっていて面白くなくなってきちゃうことが多いんですよ。やっていてつまらないなら、私しか知らなくても、もっとやりたいと思えるようなのがいいですね。

## いつかの希望

ゲームは一度作ってみたいですね。アクションＲＰＧがいいです。物語はあるけど、レベルって概念がないものがいいですね。人間はレベルというものがないじゃないですか、それでも成長してるってわかるのがいいかな。

仕事が絡んじゃうと、自由にできなさそうな気がするので、自分から作り上げていきたいなと思っています。それでいま『ドラッガー』を読んでいます。自分が雇う立場だったらとか、どう立ち回るとか考えてます。自分が表に出るだけじゃない仕事にも興味がありますね。

## 毎日の生活

仕事のとき以外はゲームが生活の中に入り込んでいますね。**やるときは夜9時から朝7時までとか**プレーしてます。『モンスターハンター』をやっていたときはそんな生活でした。とにかく早く帰らなきゃいけない、みんなが待ってるから(笑)って。ＤＳですれちがい通信をしながら、自分はＰＳＰをプレーしたり。今はやる余裕がないので、やりたいゲームがどんどん積まれてってますね。

## シュール系希望

私よりもみなさんの方が詳しいと思うんで、面白いものがあったらどんどん教えてほしいです。シュールなものがいいですね。あ、伝え方はソフトにお願いします(笑)。自分の意見をごり押しするんじゃなくて、好きなものをもっと広めるような感じで……。

松嶋初音
Hatsune Matsushima

◉1987年11月13日生まれ
東京都出身／A型
ミスマガジン2004審査員特別賞
グラビアのみならず映画・ドラマでは女優として活動し、またインターネット動画放送ニコニコ動画「とりあえず生中 三杯目」にて金曜日パーソナリティを務める。

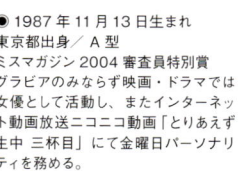

ヲ乙女スタイル：レトロゲーム・レーザーディスク・80年代ホビー

持ってるファミコンソフトは１０００タイトルくらいです

# Haruna Anno

WOTOME WORLD 05

ヲ乙女の世界05

# 杏野はるな

## 15歳で家出同然の上京 そしてレトロゲームとの出会い

### 大阪から熊本へ

小学校3年まで大阪にいました。外で遊ぶのが好きな子で、幼稚園のときはスーファミが家にあったんですけど、それをやるのは1日1時間くらいでしたね。『ちびまる子ちゃん』、『クレヨンしんちゃん』とか簡単なゲームで遊んでました。

小4で熊本に引っ越すと、同じ学年に13人しかいなくて、友達も車で1時間半くらいかかるところに住んでいて、なかなか遊ぶ時間がなかったんです。ゲームをやろうにも、ゲームショップが基本的になかったんで、中学生までは部活のバレーボールにハマっていました。

### マイケルになりたい

小さいころから「芸能人になりたい」って言い続けてました。だけど、私には無理だって。うちの親は会社を経営していて、人付き合いの大変さを知っていたからなんだと思います。芸能人にあこがれていたというよりは、その存在にずっとなりたかったんです。

最初に影響を受けたのは4、5歳のころに**マイケル・ジャクソン**のパフォーマンスをニュースで観てから。私もこういう風になりたい！ と強く思いました。それから、小学2、3年生のころ、NINTENDO 64のCMに広末涼子さんが出ていて、あ、かわいいな、私もこういう風になりたいなと思って、また親になりたいなりたいと言っていたら、「うるさい」って怒られてました(笑)。

それで小学校も高学年になると、色々考えるようになって、このままじゃ親はやらせてくれないから自分でどうにかするしかないなと思って。勉強をがんばってオールAを目指して、いい成績を残して、「これだけがんばったからやらせてください」って言ったんです。でも、やっぱり大反対で、お父さんが特に反対で。**「一度東京に出たらもう帰ってくるな」**くらいの勢いで言われて、私も家出同然で出てきたんですよ。お母さんは「やりたいんだったらあなたの人生だからいいんじゃない」って言ってくれて、私は**「たとえ失敗しても、もう熊本には帰らないと思う。何がなんでも生き残りたいから、なんとかしてやっていくよ」**って言って、お母さんの協力のもとで東京に出てきました。色々応募した結果、今も所属している東京図鑑に受かって、この会社から東京生活が始まりました。

### 冒険スタート

東京に出て一人暮らしをはじめました。中学は事務所の近くにあった女子中高に編入させてもらいました。実家から持ってきたものは服しかなかったです。

東京に来るとがらっと生活が変わりました。欲しいものとか興味があるものとか、すぐ情報が入るんです。**刺激があるのが好きなんですね。**私、冒険心が強いらしくて、ひとりで怖がらずに何でもやってみたりするのが好きなんです。

### ゲームとの出会い

入った事務所がタレント事務所じゃなくて、ゲームの攻略本を作っているところだったんですよ。カプコンのミニキュートっていう筐体や最新ゲーム機はだいたい揃っていて、趣味を持っていない私が、何かしたいと思っていたら目の前にゲームがあって、遊んでいるうちにゲームを好きになってただけなんです。ゲームが好きなことをファンの方にも言ってなくて、そしたら事務所のある方が、「それだけゲームをやってるんだったら、ブログに書いたらいいじゃない」って言われて、それからゲームに関することをブロ

グで書き始めて、続けているうちにゲームアイドルという位置づけになっていたというわけなんです。自分ではそんなつもりはなかったんですけど。

## 最初はゲーム&ウオッチ

最初はゲーム&ウオッチにハマったんですよ。事務所に数台あって。デザインがかわいくて、飾っていてもさまになるところが気に入って、ゲーム&ウオッチを開発した任天堂の横井軍平さんのことを詳しく調べはじめてから、その人の考えに感動して集め始めました。横井さんは、**「枯れた技術の水平思考」**という名言を残している人なんですけど、最新の技術を駆使しなくても、昔の技術を使ってもいいものは作れるという思想なんですね。最先端の技術が必ずしも面白いわけじゃない、そう言っていたのに感動しました。

　おもちゃ屋さんを巡って探すだけじゃなくて、地方にお仕事で出かけた時にフリーマーケットで探したり、常にアンテナを立てていました。プレイ画面が透明になっているの、これがかなりレアなんですよ。ゲーム&ウオッチは今でも集めてます。かなりの量になってますね。

## ゲームの他にも

レーザーディスク（LD）で観る映画やアニメを好きで集めてます。15歳くらいのころは、ゲームよりもLDを買ってました。ゲームとLDのふたつに没頭してましたね。

## ドットの魔力

ファミコンとかアーケードゲームはひとつの四角い点（ドット）でできていることを教えてもらって、それがすごいなと思いましたね。絵を描いてそれを動かしていると思っていたので。あとファミコンは容量が決まっているので、余分なものを切り捨てていかないとやりたいことが入りきらないんです。ギリギリまで入れたいものが詰め込まれて1本のソフトになっている。それだけの思いが詰まっているなんて考えたこともなかったので、そこから引き込まれて、色んなソフトを集めました。

## それぞれのルーツ

17歳のころ、「ただプレーするだけだと本当の面白さはわからない」と言われたことがあります。「色々調べてみるともっと面白いから」というアドバイスでソフトについても調べ始めました。高橋名人やコロコロコミックといったファミコンに関連する人や媒体についてもそれがきっかけで知りました。

## 持っているソフト

持っているファミコンソフトは今、だいたい1000タイトルくらいで、だいたいはクリアしてるんですけど、できないのもありますよ。『暴れん坊天狗』というマニアの間では有名な、訳ありソフトがあって、これが難しくて、コンティニュー回数が決まっているのでなかなか進まないんですよ。これのスタッフさんは『源平討魔伝』を後に作るんですけど、そういう歴史を知るとやりたくなりますよね。

ゲーム作っている人たちって、昔は5人くらいで1本を作っていたりするんですよ。今は何百人単位だから誰がどこを作っているかわからないけれど、昔はそれがわかるので、開発した人を知ることができる。それも醍醐味のひとつですね。

ゲームはクリアしていない方が印象に残ってますね。最近のゲームは時間を費やせばクリアできるものが多くて、そういうのは最初やっていて面白くても後に残るものがないんです。ファミコンやゲーム&ウオッチは、すごく難しい場面になると〝テクニック〟が必要じゃないですか。だから思い出深くなるというか、できた！っていう達成感があっていいんですよね。あと音楽も単純だから頭に残って、よく口ずさみます。最新ゲームはきれいすぎて口ずさめるものが少ないので、そういう点でもレトロゲームの方に魅力を感じます。

『スペランカー』は人から噂を聞いていて、すごい難しくてクリアできない人が続出しているっていわれてました。みんなが言っているようにクソゲーなのかを確かめたくてやってみました。やってみたら本当に難しくて、1面の半分までいかなかったんですよ。なんでこんなところで死んじゃうんだろうと思って、負けず嫌いな面が出て、3日くらいずっとやってやっと1周できて。次は何周できるかチャレンジしました。私くらいの年代の女性で何周もできる人はいないだろうと思って、チャレンジしてました(笑)。12、3周くらいまではいったかな？セーブがないので、ポーズ画面にしてご飯食べたりして、やり続けてましたよ(笑)。あと連続でゲームをやって覚えているのは、『クロノトリガー』を28時間くらいぶっ続けでしたことかな。皆に観てほしかっ

通常プレイのスタイルはアスキーコントローラーを足で抑えながら操作します。

たから、ネットで配信しながらやり続けました(笑)。

他に印象に残っているのは『スーパースターソルジャー』。PCエンジンのソフトでシューティングゲームなんですけど、これは当時でも熱狂的にされている方が多かったようで、2分間のアタックモードがアツいんですね。全国大会とかあって、高橋名人も活躍していたのも調べました。とにかくその当時のハイスコアに挑戦したくて**1ヶ月くらいずっと部屋にこもって**やってました(笑)。全国レベルまでいけたので、動画に撮って載せたりもしましたね。このソフトが発売された当時にハマっていた30代後半の方が、こうすると点稼げるよってブログにアドバイスをくれたこともあります。その教えてもらった技も駆使して、かなりやりこんでました。どこから敵が出てくるかを覚えて、スピードも調整して、ここの敵を倒したら次はこっち、とか全部覚えてやってましたね。

2年前にWiiのバーチャルコンソールで発売されて、その大会があったんです。大会に高橋名人が出て、優勝か準優勝したら名人とお話できるっていう話だったので、今まで会ったことがなかったから絶対に会いたいなと思って、さらにゲームを2週間やりこんで、ぎりぎり

準優勝してやっと話すことができました。あと『スペランカー』にもオンラインがあって、一回だけ1位になったことがありますね。すごくやりこんだので、この2本は特に思い入れがあります。

いま、ファミコンをやりたい人は、Wiiのバーチャルコンソールでダウンロードして遊べるものがあるので、それをやるのもいいですね。

## 攻略本も当時のものを

ゲームの攻略法はネットで調べるとわかるけど、それが好きじゃないので、昔の攻略本を買ってやっています。昔のゲームの攻略本が貴重で、今6000円とか8000円とかするものもあるんですよ。とにかく絵に味があるものが多い。テキストもゆるい感じですね。自由な感じがしていいんですよ。

ゲーム雑誌は古本屋さんで買うことが多いです。個人でやってる古本屋さんとかで、30冊が2000円くらいでまとめて売っていることがあるといっぺんに買います。本当は1冊6000円くらいの値段がつくものがあったりするんですけど。それを買って読んで、知識や情報を得ています。

周辺機器にも一時期ハマりましたね。アスキースティックもゲーム雑誌の広告で知りました。腕に付けるパワーグローブも買いました。ジョイスティックも有名だったので、買ってから高橋名人のサインをもらって、飾ってあります。周辺機器の中ではジョイボールがいちばん好きで、それでけっこう遊びましたね。

最近では周辺機器だけじゃなくて関連グッズも集めてます。消しゴムとか下敷きとか、駄菓子屋で売っているものとか。これもバリエーションがあって楽しいですね。

総額は気にしたことがないのですが、一度計算したら20歳のときで**1000万**を超えたみたいです。今はもっといってると思います。よく冗談で**「売ればすごい額になるね」**っていわれるけど、何があっても売らないし、手放さない!

## ゲームミュージアムに向けて

アイドルは通過点で、将来はゲームミュージアムを作りたいと思うようになりました。ゲームを文化としてとらえてもらえるように尽力したいです。

今後はゲームミュージアムに向けてさらなる収集と人の輪を作っていきたいです。何か協力してもらえることがありましたら是非ご連絡ください! あとゲームでお勧めを教えてほしいとかがあればブログでお答えします。

私としてはこれからはグッズを集めていきたいです。この本に載っていないグッズを持っていたらぜひ(笑)。情報も知っていたら教えてほしいです。それを私が下の世代に伝えていきますので。

アイドルとして見てほしいというよりは、ゲームの良さを伝えていきたいです。

杏野はるな
Haruna Anno

◉1988年4月9日生まれ
熊本県出身/ AB 型
レトロゲームに対する探究心、コレクションはこの世代において群を抜く存在。
2010年現在、雑誌・WEBに月各10本の連載を持つ。海外での人気も非常に高く、海外でも連載を持つ。また、ゲームだけでなく、世論を本音で斬るブログも定評があり、アンチェイン(繋ぎ止められない)アイドルと呼ばれる。

ガンダムの作品に携わりたい！ そして、その世界の中に入りたいです。

# Arisa Noto

WOTOME WORLD 06

ヲ乙女スタイル：ガンプラ・アニメ

ヲ乙女の世界 06

# 能登有沙

## 歌って踊って作詞して ガンプラも製作する トップアイドルを目指して

### アニメ好き公言できず

幼稚園のころは先生にくっついて歩いていて、先生と一緒じゃないと遊ばないくらい人見知りの激しい子どもでした。小学生になって外で遊ぶようになると人見知りも薄れて、逆に目立ちたいなという気持ちが出てきて、学級委員や生徒会長みたいなことも自分から進んでやるようになりました。このころはまだ一般的なアニメを観ているくらいでした。ゲームはメガドライブで『ぷよぷよ』をして遊んでいました。

中学生になって変わったことは、転校して引っ越した家にケーブルテレビが入ったこと。そこでキッズステーションとアニマックスに出会ったことですね。ずっとアニメをやっているじゃないですか。そこで『機動戦士ガンダムSEED』（以下シード）を観て、キャラクターがすごい綺麗で魅入ってしまって、そこから声優さんをチェックするというのを始めました。作品もそうなんですが声も素敵で、保志総一朗さんが好きになりました。それまでガンダムって男の子が観るアニメっていうイメージがあったからとっつきにくかったんですけど、観てみたら全然イメージと違うじゃないですか。それに人間関係の複雑な感情も描いていて、親友なのに敵になっているから戦わなきゃいけないというシーンは泣きながら観てました。金網越しにキラとアスランがいて、人目を気にしながら大事にしていたロボットのペットを渡すシーンが好きです。

部活は1年間だけテニス部に入って、その後は校長先生がやっているお手伝い隊っていうのに入っていました。それは学校の掃除をしたり、花壇の手入れをしたり、ボランティア活動みたいなことをしていて、毎日活動はなかったので、それ以外は帰ってアニメを観て過ごしてました。小学生のときに観ていた『スレイヤーズ』をもう一度改めて観て、林原めぐみさんが素敵だなと思って、声優さんのチェックをしていたので、そこからまた世界が広がりましたね。

**その頃はアニメが好きなことをオタクだから恥ずかしいと思っていたんです。**だから中学校のときも、親友にしかアニメ好きなことを言ってません。高校に入ってもしばらく言えませんでした。それから『機動戦士ガンダム00』（以下ダブルオー）が始まって、放送を観ていると毎週待受画像がゲットできて、本当はみんなに言いたかったんだけど、そのことを言える友達がそんなにいなかった寂しい思い出があります。

ダブルオーで好きなのはロックオンのニール。それとグラハム、それからスミルノフ大佐です。**大佐には「私が娘になりたい！」って、テレビに向かって叫ぶほど好きでした(笑)。**

### オーディション合格から

高1の秋に今の事務所のオーディションに応募して合格。ハロプロエッグのレッスンを始めるようになりました。でもオタクはマイナスイメージだと思っていたので事務所でもずっと黙っていたんです。しれっと**「ガンダム？ 知りません。」**とか言ってました(笑)。

でも、事務所でみんなのボイスサンプルを録ることになったとき、声に関するアンケートがあったんですね。好きなアニメは何だ、とか好きな声優さんは、っていう質問があって、他のみんなが『ドラえもん』とか『アンパンマン』とか書いているのを横目に見て、私も迷いつつ、紙だったら事務所の人しか見ないだろうと思って、好きなアニメのところに思いの丈をバーって書いたんです(笑)。シードや『遥かなる時空の中で』など、好きなように書きました。合わせて好きな声

優さんについてもびっしりと。さらに、アンケート用紙の裏に好きな絵を描いていいっていうので、私はそこにシードに出てくるキラのイラストを描いたんですよ。気合い入れて、影とかつけて(笑)。それを見たアップフロントスタイルの社長(モデラーのたかみゆきひさ氏)が、なんだかこいつおかしいぞ……、ってそこで気が付かれたというわけなんです(笑)。

社長はとてもアニメに詳しかったので、ダブルオーを観終わるころに、一番最新を観るなら、一番最初も観ないとダメだろうと思って、いわゆるファーストといわれる「機動戦士ガンダム」のビデオを借りて観始めました。シードやダブルオーにつながる設定やセリフがけっこうあったので、みんながリスペクトしている理由がこれでわかりました。

## ガンダムの他にも

色んなアニメを観ていましたね。好きな声優さんの林原さんと保志さんが一緒に出ている作品があって、それから気をつけて作品を観るようになったら、けっこう私が観ていた作品に出ていたんです。**これは運命だ！**と勝手に思ってました。そのころ観ていたものは数えきれないんですけど、『カウボーイビバップ』、『プリンセスチュチュ』、『新撰組異聞PEACE MAKER鐵』、『シスター・プリンセス』、『ゲットバッカーズ』……ジャンル問わず観てましたね。

最近になって思ったんですよ、このアニメ好きは遺伝かなって。父が『天地無用！』が好きで、私も一緒に観てたんですよ。私はそのときは魎呼(りょうこ)が好きでした。よくよく考えたら、父とよくアニメを一緒に観ていたし、『鋼の錬金術師』で盛り上がったりしていたんですよ。

アニメ以外では絵を描くこと、お話を書くのが好きで、マンガを描いてみたら面白いんじゃないかと思ってたんです。「ドガドガ7」という番組の中で「コミケを取材しよう！」っていう企画でコミケに初めて行って、自分が考えたことを自分たちで本やCDにして売っているんだ！って感動して、見ていたらやりたくなっちゃって、そこで作りたいって言ったんです。それで事務所に「マンガを描いてみたい」と言ったら許可が下りたので、同人誌を作ってそこで初めてマンガを描きました。

描き方は小学校のときに、絵がうまい子がお絵描き教室を休み時間にクラスでやっていたのでそれに混ざって練習し始めたこと、中学生になってからは絵を交換していた子がすごくうまかったので、

その子に肩幅の描き方とかを教わったことが大きいかな。あとはシードを見ながら、目の描き方や横顔の練習とかしましたね。ビデオを一時停止して、テレビの画面を携帯に撮って、マネして描いたり。

コミケでは同人誌だけじゃなくて、自分で作詞したCDも販売してます。試しに書いた詩をたかみさんに出してみたら、あれよあれよという間に曲がついて、CDになっていました。「絵が描けます」、「マンガ描けます」と言っても、ものを見せないと皆が納得してくれないと思うんですよ。だから私から発信していけば、やれることが増えるし、可能性が生まれるので、自分がやりたいことは、常に言うようにしています。

## ガンプラとの出会い

大学1年のときにハロプロエッグのコンサートがあったんですが、そのときダブルオーに出てくるモビルスーツの『エクシア』のガンプラをいただいたんですね。たかみさんからのプレゼントだったんですけど、私はプラモデルなんて男の子が遊ぶものだと思っていて、しばらく置いてたんです。でももらいっぱなしは悪いと思って箱を開けてみたら、丁寧にニッパー、カッター台と、道具が一緒に入っていたんですね。それで作ってみるかと思って、ニッパーとカッター台を横に**置いて、**部品を**手でブチブチちぎって**作ったんです（笑）。道具の使い方というか、ニッパーがいることさえも知りませんから。それで出来上がったものを社長に見せたら、**「ゲート処理が甘い」**と言われてしまいました……。だって手でちぎったんですもん。

そこでニッパーの使い方がわかって、それからプラモデル生活が始まりました。

箱を開けてそのまま組み立てる「素組み」って、みんなと同じになるじゃないですか。みんなと違うものにしたい、目立ちたいっていう気持ちがアイドルの表現と重なって、プラモデルに対しても色々考えて作るようになりました。

それからひとつずつ完成する度に、私にもできるんだって実感があって、それが面白いなっていつも思います。師匠に教えてもらうばかりじゃなくて、自分で工夫したこともあります。

最初のエクシアを作って、その後にプラモデルのラジオ番組のパーソナリティになるために、ダブルオーに出てくる主要キャラクターが搭乗するモビルスーツを残り3機作ってこいという試練があって、仕事のスケジュールの合間を見つけてがんばって作りました。そのころにな

ると、ファンの方からガンプラが送られてくるようになったんですよ。ハンカチとかポーチとか可愛い贈り物の中に、

**私宛だけガンプラがドーンと(笑)。**

でも嬉しかったですね。おかげさまで色々と作れました。

一番最近手をかけたのは、ダブルオーに出てくる機体でMG(マスターグレード)のジンクスです。『ガンダムスーパーエキスポ』に展示したもので、初めて研ぎ出しという作業をしました。製作期間は一ヶ月くらいです。私らしいオリジナル要素を入れようと思って、最初に声優にチャレンジした『怪盗レーニャ』のキャラ、「婦警のっち」にちなんだ色にして、あと私のチャームポイントであるポニーテールも付けて、これはパーツも売ってなかったので、プラバンを切るところからやりました。ポリパテを使ってみたり、この製作では型取りもしました。

## テクニックは盗む

私初めてやることってだいたい失敗しちゃうんですよ。最初にニッパーを使わずに部品を切ってしまうくらいですから。塗料が乾いていないのに触って指紋がついちゃって、それでこすっちゃったりとか、あとずぼらなところもあるの

で、手袋をしないで塗料を塗って、手が塗料で汚れちゃったりとか、そういうミスも多いですね。で、こういう風にするにはどうしたらいいか？ こんな仕上がりにしたいけどどうしたらいいのか？ まだ専門用語を勉強中ということもあって、師匠に聞くときは「○○したいんですけど」とか「この失敗のカバーの仕方は？」とか、聞くんです。そこで師匠が出してくれるテクニックに対して、それはこういう応用ができるのか？ とか思いつく限り聞いて見て盗むようにしています。これはハロプロエッグのときでも同じことで、人より早く覚えてやっていかないと目立てないからなんです。

師匠のレベルを50だとしたら、私は8くらいかな。まだまだ覚えていないことが多いので、勉強していかなきゃなと思っています。

## つながる人、仕事、輪

プラモデルを作るときはアニメ観ながらや音楽聴きながらやっています。聴いているのはボーカロイドの曲が多いですね。道具が揃っているのでよく作業を事務所でしているんですが、音楽を聴きながら作業しているとついつい歌っちゃうんですよ。それで事務所で初音ミクを聞き

ながら歌って作業していたら、「初音ミク プロジェクトDIVA」に関わっていたスタッフさんに話しかけられて、それがきっかけでお仕事につながったこともありました。歌っているのを見られたのはちょっと恥ずかしかったけど(笑)。あとキャラソンもよく聴いてますね。『テニスの王子様』(テニプリ)のキャラソンをよく聴いてます。事務所の社長のたかみさんはもともとテニプリの100曲マラソンの構成・演出をされている方で、私が歌っていたら食いつかれました(笑)。そういう風に不思議な縁もあるんですね。

『機動戦士ガンダム00』の水島監督に同人誌のコラムをお願いしたとこがあるんですが、これは番組で会ったことがきっかけです。グラハムの声をしている中村悠一さんに、今年のカウントダウンのライブのあとに楽屋でお会いしたら、私がやっている「ホビージャパンの連載見てますよ」と言ってもらえて、すごく嬉しくて鼻血が出るかと思ったこともあります(笑)。中村さんもガンプラが好きで、そこからつながりができて、ガンプラやガンダムって素敵だなと思いました。

あと、ロフトプラスワンで食事をしたり、お酒を飲みながらプラモデルを作るという「モデリングライブ」というのをやっているんですけど、ここ

でお客さんに私の成長を見て頂いています。イベント中にガンプラを組み立てて、スキルを見てもらうんですよ。それも楽しいですね。

　ワンフェスに行ったときに、小学生の男の子に「ホビージャパンのお姉ちゃんだ！」って言われて、お父さんが読んでいたみたいなんですけど、すごく嬉しかった。そういう新しい交流ができるのも面白いですね。ホビージャパンの連載では、私がまだビギナーなので、ビギナーの目線から見た失敗や、初心者がやってみようと思うような記事を書いています。最初はニッパーから始まって、連載を見ていけばステップアップしていける内容になっています。連載を始めて身に付けた技術もいっぱいありますよ。マスキングやエアブラシの使い方も教えてもらいながら学びました。この連載はいつか本になったらいいな。初心者向けのいいガンプラ読本になると思います。

## ガンプラの魅力は

　とにかく夢中になれること。作っている最中は気がつかなくて、作った後にすごく時間が経っていることに気がついて。それだけ夢中になっていたことが実感できるのが〝ならでは〟じゃないでしょうか？ それだけ人をひきつける力が魅力なんでしょうね。ただ組み立てるだけなら、最短で2時間くらい。でもそれを何ヶ月もかけて調整することもできて、自分で好きなように色々楽しめることもできちゃうんです。

　自分の好きなことがお仕事になると楽しいですね。**好きじゃないとできないこと**ってあると思うんですよ。もし私がガンダムが好きじゃなくてガンプラを作っていたら、こんな風に1年半でやれていなかったと思います。好きだからもっとやりたい、常に前向きな気持ちでいられるんです。

## 今後の目標は

　ダブルオーの劇場版に出てくる新しい機体がこれからどんどん発売されていくので、それをどう料理しようか考えるだけでもすごく楽しみですね。研ぎ出しを覚えてパーツがツルツルになるのが楽しいので、新しく組み上げる子たちは、研ぎ出しを追加で入れてきれいにしようかなと思っています。あとはガンプラ以外のプラモデルも知りたいですね。まだ戦車や飛行機やお城は作ったことがないので、今後作ってみたいですね。今気になっているのは熊本城。ワンフェスに行った

ときに飾っているのを見て、あ、かっこいいなと思って。歴史が好きなので、お城を見てやってみたい衝動もあります。

## プラモデルに対して

技術はいらないから、まずやってみようかなという気持ちが大切です。その気持ちだけで、気がついたら出来上がっているんですよ。いつの間にか夢中になれていて、そこで自分が楽しい時間を過ごしていたことに気づいて、ハマってくれるといいですね。特にガンダム好きな人にはとっかかりやすいと思います。最初は好きなキャラクターの乗っている機体を作ると、愛着がわいていいですね。私もエクシアから作ったので、その影響は大きいと思います。その後のマイスターは1体ずつ順番に作ったんですけど、締め切りがあったから1ヶ月で3体を作ることになって、その間は集中してひたすら作りました。夜家に帰ってパチパチ作ってましたね。もともとアニメを見るために夜中起きて**夜行性だったので**、夜中の作業は大丈夫でした(笑)。

## これからやりたいこと

歌がうまい人はこの世にたくさんいます。ガンプラが得意な人もこの世にたくさんいます。でも両方を極めて表現できる人ってそんなにいないと思うんですよ。なので、ガンプラも作れて、歌も踊りも作詞もできて、私はその中のトップになりたい。それでゆくゆくは、ガンダムの新作の声優をやって、その主題歌の作詞をして、主題歌を歌って、そのプラモデルを作る。そういう風にガンダムの作品に携わりたいですね。その世界の中に入りたいです、それであわよくば主役の人と恋に落ちて……と妄想はふくらみますね！ それでできれば私の好きになるキャラは死なないようにしてほしいです(笑)。

「ガンダム SUPER EXPO 東京 2010」にてガンプラ講座を開催。開期中にガンプラを 17 体作るなど、多くの来場者にガンプラの楽しみ方を紹介した。

能登有沙
Arisa Noto

◉ 1988 年 12 月 26 日生まれ千葉県出身。

趣味は切手集め、プラモデル製作、アニメ・漫画鑑賞。

現在プロモデラー野本憲一＆たかみゆきひさと共に、WEB ラジオ「のもぴ〜プラスティックラジオ」のパーソナリティを務めるほか、音楽ガッタスのメンバーとして、またソロアーティストとして、数々のライブ、コンサートへ出演、月刊ホビージャパンでの「ガンプラすたいる！」の連載、アニメ「怪盗レーニャ」（婦警のっち役）での声優出演、現在発売中の 3rd アルバム「innocent as a BABY」を含め、自身のアルバムではほぼ全曲作詞するなど幅広く活躍中。

たくさんの人にガンプラ製作をしてもらいたいと、ブログ「ちょい吹き隊・能登有沙のガンプラ Life style」を更新中！

# Tomoe*Ogoshi

WOTOME WORLD 07

ヲ乙女スタイル：プラモデル・模型

大人になってもプラモデルばっかり作ることになるとは思ってもみませんでした。

# オオゴシ*トモエ

## 声優を目指して上京、そして男性ばかりのプロモデラーの世界へ

### 工作系インドア派

　子どものころは同世代の子と遊ぶというより、ひとり静かに工作をしたり、絵を描いたりする方が好きでした。放送を楽しみに見ていたテレビ番組は、NHK教育の『できるかな』でした。小学生になって、周りの子がファミコンに夢中になっても、ビーズアクセサリーを作ったりお母さんからもらったレースや布の端切れで小物を作ったりと、とにかく手を動かして何かを作るのが好きでした。

　プラモデルとの出会いは小学校の3、4年生くらいのとき。1個数百円のBB戦士の「武者ガンダム」が流行っていて、お手伝いしたご褒美にお母さんに買ってもらって組み立てて遊びました。私は妹がひとりと男兄弟はいないのですが、実は父が帆船模型やプラモデルを作っていたことがあったんです。今思えば父が作っている様子を見ていたから、すんなり受け入れられたというか、興味が湧いたんでしょうね。それからもいくつか作り続けて、小学校5年生のときに童友社さんの「五重塔」のプラモデルを作りました。地面にパラパラっと緑の粉をまいてお庭を彩ってみたりして。楽しかったですね。小学生最後、6年生の夏休みには自由工作で恐竜のジオラマを作りました。紙ねんどで地面を作って、トリケラトプスの卵も作ったんですよ。**草は庭から引っこ抜いて**ジオラマに埋めました。そしたら夏休みが終わって学校に展示している間に枯れちゃいました(笑)。

　中学に入って、モノヅクリ以上にときめくものができました。それはマンガとアニメ。漫画家になりたいと思う時期もあったほどです。でも、右利きな私は、右向きの顔がうまく描けなくてすぐに断念。気持ちはアニメに加速して、中学一年のときおこづかいでアニメ雑誌『アニメージュ』、『アニメディア』、『OUT』を買って愛読するほどになりました。「ガンダムF91」が公開されていたころ、いわゆる**アイドル声優ブーム**が始まる少し前の時代です。

　当時買っていたアニメ雑誌には付録でポスターがついていたのですが、部屋中にアニメのポスターを貼っていました。天井も埋め尽くすほどに。そのうち立体物が欲しくなって、そのときにぱっと思いついたアニメのキャラクターの立体物がガンプラだったんです。そのとき手にしたプラモデルはマスターグレードシリーズの「シン・マツナガ大尉機」の白いザクでした。数百円のプラモデルしか知らなかった私にとって、3000円近くするプラモデルを買うのは相当の勇気が必要でした。家に帰ってウッキウキで箱をあけたら部品の多さに心が折れ、翌日同じクラスのプラモデルに詳しい男子に助けを求めました。すると「模型の専門誌雑誌を読むと、詳しい作り方がわかって勉強になるよ」と言われて、それで買ったのが**『ホビージャパン』**です。しかし、その号がパテの特集で、それを読んだ私はとりあえずパテは必要不可欠なものだと思い込み、チューブに入っているタミヤのプラパテを買いました。見よう見まねでパテを塗ってみたのですが、手を汚したくなかったのでチューブから直接パテを厚塗りして、早く作りたいがために生乾きのままヤスリでガーっと削ったら部品もヤスリもボロボロに。挙句の果てに、母親が掃除機で部品を吸い込み、警察官だった父親が、私が接着をしていたときに部屋から漏れ出る接着剤の香りに、娘が非行に走っている！と勘違い。**「シンナー吸うとるのは誰じゃあ！」**と、いきなり部屋に怒鳴り込んでくる始末。結局そのザクのプラモデルは完成することなく押し入れの中にしまいました。苦い思い出です。私のファーストプラモ体験は見事に失敗に終わったわけですが、ホビージャパンに載っていた写真がすごくきれいで、何か心ひかれるものがあったんでしょうね。以来、数年間、ずっと読み続けていました。

## 最初は声優を目指して

高校は演劇部、放送部に所属していました。アニメへのひそかなあこがれはずっと持ち続けていて、高校を卒業したら声優さんになりたいと思っていたんです。高校を卒業するとき親に「東京に行きたい」って話したらもう大反対！ 家出同然に東京に出てきちゃいました。荷物はほとんど持って来なかったけど、高校時代から読んでいたホビージャパンはなぜか部屋にありました（笑）。

上京してからはアルバイトで生計を立てながら、オーディションをたくさん受けました。反対していた親からは仕送りもなく2年くらいの間、履歴書を送ってはオーディションに行く生活でしたね。20歳のとき、声優育成ユニットのオーディションに受かったんです。女の子が60人いる、学園がコンセプトのユニットでした。「育成」という言葉の通り、声優レッスンやダンスレッスン、ボイストレーニングなど無料で受けられたんです。アルバイトして、レッスンを受けて、イベントやライブをして。毎日忙しくて、東京に出てきてからは、すっかりプラモデルからは離れてしまいました。しかし、プラモデルとの偶然の出会いが訪れたんです。声優ユニットの事務所が入っているビルの地下に、当時ホビージャパンで連載されていた、プロモデラーさんの工房があったんですね。ある日、ユニットのプロデューサーに何気なく「実は私プラモデルが好きで、ずっとホビージャパンを読んでいるんです」って話しをしたら、会社の地下にあるその工房に挨拶に連れて行ってもらえることに。そこでお会いしたモデラーさんが「女の子でプラモデルが好きなのは珍しいし面白いね。今度ホビージャパンの編集部に連れて行ってあげるよ」と言ってくださったんです。私はずっと読んでいる雑誌の編集部に行くことになったのですごくテンションが上がって、それで編集部に行ったら、あれよあれよという間に、プラモデル初心者の女の子をモデラーに育てようという企画が決まってしまったんです。

ユニットには60人もの女の子がいて、自分より可愛い子も、歌や演技がうまい子もたくさんいたんです。そんな中、自分だけの個性や売りって何だろうと考えたときにプラモデルっていいなと思ったんです。他の子にはないものでしたし、何より興味もありましたしね。そのうち声優ユニットの企画が終了することになって、今後の進路を考えたときに、プラモデルの世界が楽しかったのでそっち1本でやっていこうと決意。今に至ります。

女性限定のプラモデル会「プラモデルパーティ」より。どの行程からでも丁寧にアドバイスするオオゴシさん。時に楽しく会話も弾む。

## 仕事としてのプラモデル

声優からプラモデルの世界に飛び込んだのはいいけれど、そこで働いている方々はみんな小さいときからプラモデルを作っていて、上手であることからプロになったという人がほとんど。私は特殊な事例でした。プラモデル製作の技術はもちろん、イベントや現場での立ち振る舞い、事務的なことまで、すべて体当たりで学ぶ日々でした。同じようなスタンスで活動している女性の先輩もいなかったし、相談できる人もいなくて。ご飯も喉を通らないってこういうことを言うんだってほど緊張と挫折の日々でした。仕事を始めた当初は、こんなにヘタな私がお金をもらって雑誌なんかに出ていいんだろうかって、毎日落ち込んでいたんです。

仕事をはじめて数年間は「プロモデラー」と名乗ることができずにいました。資格があるわけでなし、プロの定義自体も曖昧ですし、それにプロじゃなくてもうまい人は山のようにいますから。プラモデルは趣味の世界。それこそ上をみればきりがない。ゴールのない世界なんです。数年間はプラモデルの専門誌で「初心者」としての立ち位置で活動をしていました。しかしそのうち、ホビーの世界の外の人たち、テレビとか一般誌など仕事も経験するようになって、そういう現場では「ホビーの専門家」として扱われてしまったんです。そのギャップには本当に苦しみました。でも仕事として取り組む以上は、「私プロじゃないんで」って言っちゃいけないと思い、半ば無理やり覚悟を決めて「プロモデラー」という肩書を名刺に書きました。でも、それによって「この子、本気なんだ」って思ってくださった関係者さんもいらっしゃったんです。私自身も経験を重ねるたびに世界が広がって、仕事としてのプラモデルとの関係を少しずつですが楽しめるようになりました。

## 心がけていること

いろいろなことを自分の目で見て経験するようにしています。たとえば新しい塗料やツールは積極的に使うようにしています。雑誌やネットの情報だけだと、自分の言葉で説明できませんし、見るのとやるのとでは違いますもんね。

戦車模型を始めてからは、身の回りのものや風景を観察し、分析するクセがつきました。工事現場のショベルカーにどんな風に土がつくのかずっと見てたり。例えば、泥の汚れひとつとっても、茶色だけじゃなくて、乾いている汚れの色、湿っている汚れの色があります。ひとつひとつ分析していくことで、より**リアルな「汚し塗装」**の表現ができるんです。

意識せずに見ると単なる景色ですが、作品に取り込もうとすると、色々な「物」と「物」との集合体だってことに気づかされます。旅行に行っても、お城の石垣が苔むしたところとか、たくさん撮ったりしちゃいますね。ある日デジカメのデータをまとめてパソコンで見てみると、錆びている鉄柱とか、雨だれとかの画像ばっかり（笑）。そういうことがすべて模型につながっていると思います。色んなものに興味を持って、模型に繋がることを探していくのも楽しいんですよ。

## 模型視点でのガンダム

模型をはじめてガンダムを観ると、ストーリーとは別にいろいろなことに目が行ってしまうんです。たとえば戦闘シーンひとつとっても、ビーム兵器だからこんな傷になるんだろうなとか、宇宙の汚れってどんな汚れなんだろう？とか。先日も「ガンダムUC」を観て、**丁寧な壊し方をしている**なと感じました。だいぶ変わった目線ではありますけど。

撮影協力／模型ファクトリー　（問合せ）☎ 03-6457-7735

## やっててよかったと思うこと

数年前からイベントなどで、「オオゴシさんがきっかけで、プラモデルを始めたんです」っていう人に会うようになりました。それまで自分が誰かに影響を与える人になるとは思ってもみなかったので、誰かの人生をちょっと変えることができていることを実感して嬉しかったです。子供のころは作っていたけれどその後結婚や就職など、いろいろな事情で模型から離れていた人たちが、手を動かすきっかけになれるってすてきなことですよね。この仕事やっててよかったって心から思う瞬間です。この間びっくりしたのは、第一線で活躍されているプロのモデラーさんに「自分がプロになったのはオオゴシさんの本を読んだからで」って言われたことですね。プラモデルをはじめるきっかけになれただけでも嬉しいのに、プロにまで！って。嬉しい反面、**「こんな先生ですみません」**って言っちゃいました(笑)。

仕事をはじめたころには、イベントなどで女性を見かけることがほとんどなかったのですが、そんなときにイベントで会った女性に「彼が買っている模型雑誌で、一番最初に見るページがオオゴシさんのページなんですよ」と言われたのも忘れられませんね。思えば、私が模型誌にはじめて登場して、今年の8月でちょうど10年になりました。まだまだ努力して種まきしていくことが必要だと思いますが、この10年でジタバタもがいてきたことを収穫できる喜びも味わっています。

## プラモデルの魅力を広める

プラモデルという趣味を、まだプラモデルを知らない人たちに広めていきたいと思っています。その一つの試みが女性だけのプラモデル製作会を行うことでした。もう何年も夢見ていた目標なんですが、今年の6月から**「プラモデルパーティー」**という模型製作会がスタートしました。月に一回、女性の参加者さんと、お茶とお菓子を楽しみながらプラモデルを作っています。始める前は、席が埋まると思っていなかったので、たくさんの方に来ていただいてすごく嬉しかったです。(48ページの写真参照)

現在担当しているプラモデルの教室はどれも東京なので、できれば全国いろんなところでやりたいですね。今までの模型はひとりで机に向かって作るものだったのですが、模型を持って外に出る、模型を作って人と交流するっていうスタイルが確立すればいいと考えています。模

型を通した交流の楽しさをたくさんの人に広めていきたいですね。

## 子どもたちに向けて

先日、カルチャースクールの夏休み特別講座で、「親子でつくる模型教室」を行ったのですが、いつか小学校や中学校の授業でできたらと思っています。

今の子供たちって、ゲームなど遊びの種類も多くて、なかなかプラモデルに目が向かないと聞きます。工作と関わる機会も少なくて、彫刻刀や小刀を授業で使うことも減っているそうです。私たちが子どものころって、図工の授業で小刀使ってえんぴつを削るってことがありましたよね。手を切ってしまうと、こういう風に使っちゃダメなんだ、指を切っただけでもこんなに痛くて血が出るから刃物を人に向けちゃいけないって、身をもって学んだことがあります。今の子供たちにも、プラモデルを通して刃物の正しい使い方を伝えられたらと思うんです。それに、小さいころに好きなものの引き出しに入ったものは、大人になってもずっと好きでいてもらえると思うんですよ。だからなおさら、子どものうちにプラモデルの面白さと楽しさを体験してほしいですね。**「学校の授業でプラモデル」**いつか実現したい計画です。**プラモデルの親善大使**として、いろいろな場所でプラモデルの楽しさを広めたいです。今、ガンプラの作り方の本を作っているところなんですが、難しいことをいかにやさしく伝えられるかが大切だと感じています。プラモデル未体験のみなさんの心にすんなり届く一冊にします。プラモデルに興味があれば、ぜひ作っていただきたいです。わからないことがあれば教室で作り方やエアブラシの使い方のレクチャーもしています。

### オオゴシ＊トモエ
Tomoe * Ogoshi

◉広島県出身／O 型
ホビーの世界を中心に活動中のライター＆モデラー。
主な著書に『オオゴシ＊トモエとつくる　はじめてのプラモデル講座』(大泉書店)講師・ワークショップ(よみうりカルチャー北千住)、女性限定模型製作会『プラモデルパーティー』(模型ファクトリー)2010 年 6 月などがある。

# Yukino Saito

WOTOME WORLD 08

青春18きっぷはみどりの窓口がない有人駅で買うようにしてます。

ヲ乙女スタイル：鉄旅

鉄乙女の世界08

# 斉藤雪乃

## 弟のつきそいで始めた鉄道旅行
## いつのまにか生活の一部に

### 家族旅行といえば電車

4歳下の弟とふたり兄弟で、弟がめっちゃ電車好きで、家族旅行といったら電車で旅行だったんです。外で遊ぶことが多くて、友達と公園で走り回ってました。ゲームを一度も買ってもらったことがなくて、その分外で遊んでましたね。本は図書館で借りて読んでいて、『旅と鉄道』っていう本があって、いつもそれを借りてました。

### 弟の青春行動から

弟が中学校のときに、青春18きっぷ(以下18きっぷ)で乗れる「ムーンライトながら」(ながら)っていう夜行快速を使って東京まで行きたいって言い出して、ひとりだと心配だから一緒について行ったんですよ。夜に大阪を出て、朝東京に着いて、1日遊んで、その日のながらで帰ってくるという弾丸ツアーでした。ながらは夜行快速という特急なので寝台ではないんですね。長時間座るのがちょっと疲れるんですけど、**夜中に電車に乗ることがなかったので、それがわくわくして。**その旅は疲れたけどその分楽しくて、弟と次はどこ行こうって盛り上がりました。

弟の電車好きは駅名や電車名にあきたらず、電車のモーター音までいってますよ。今でも録音したり、「この音は○○線と一緒やん」とか言っていて、私は全然わからないんですけど(笑)。

18きっぷの旅をし始めてから、ダイヤ(時刻表)を買うようになりました。それまでは携帯で検索して行動していたんですけど、それだと乗り換え時間に無駄はないけど座れなかったり色々と不都合が出てきたんですよ。それでダイヤを買って、ここは乗り継ぎで20分休もうとか、自分なりの旅が作れるようになりました。

### いつのまにか自分マップも

昔の旅のことはいろいろ覚えてますね。日帰りで1日かけて遠くまで行っちゃうので、意外と関西近辺は弱いんですよ。そのかわり、金沢までは日帰りで行ける、福井も行けるけど富山は無理とか、そういうのは知ってます。松本も**そば食べるくらいなら行ける**とか、そういう風に覚えています。まさに自分マップですね。

ひとり旅の時はダイヤも持って、ある程度は調べていって、でもホテルは決めないで行き当たりばったりで行きます。土地の情報をあえて仕入れないで行くこともありますよ。日帰りだと気軽に行けるので、景色がきれいだなと思ってぶらっと降りたりするのも楽しいです。

### 仕事をはじめて

事務所に入ったのは、大学4年生のころですね。そのときにはそんなに鉄道好きだって自分では思ってなかったんです。でもマネージャーさんに聞かれて色んなことを答えているうちに「めっちゃ詳しいやん」ということになって、それがきっかけでお仕事につながるようになりました。その時点では自覚はなかったけど、**いつの間にかけっこう鉄道に乗ってた**んやなぁと。今でも勉強中だとは思ってますよ。

### リアルを求めて

なんで長時間も電車に揺られて旅をするのか?ってよく聞かれますが、時間がかかるって、それだけ**リアルな距離感がわかるじゃないですか。**新大阪と東京って、新幹線だと2時間半だけど、18きっぷなら9~10時間はかかるので、本当はそれくらいかかるものなんだなって。合わせて土地勘がわかるところも好きです。例えば東海道線に乗っていると、JR東海に入ってからは車内のお客さんに名古屋弁が多くなって、車内広告が浜名湖競艇とかになって、気がついたら静岡弁が聞こえてきて、浜っ子の言葉が聞こえてきたら熱海に着いて、熱海からはだんだん東京になっていく、そういう感じが好きなんです。車内放送もだんだん変わってくるし、その土地の感じがわかるところがたまらないですね。

## 毎日が勉強

この仕事をしていて新たに知ったのは、雑誌の仕事でSLの形が色々あるのがわかって、面白いなと思いました。あと東北新幹線は雪が入ってくるから雪切り機っていうのがあって、それは東海道新幹線にはないんです。鉄道に関する仕事をいただけるようになってから、いろんなことを知る機会が増えて、こういうのも嬉しいですね。

## ついつい行ってしまうところ

18きっぷの発売時期になると、毎回必ずプライベートで買ってどこかには行ってます。なので、1年に3回は電車で旅

をしてますね。18きっぷはみどりの窓口がない有人駅で買うようにしています。そうすると赤いきっぷで出てくるんですよ。それだとスタンプが押せて、最後に手元に残るんです。これ、いままでの全部とっておいてるんです。

**ついつい行ってしまうところは、静岡の大井川鐵道ですね。**景色がめっちゃキレイなんですよ。のどかな風景が多くて、ホームのすぐ横に花壇が広がっていたり、お茶畑や川も見られます。しかも車両が、元近鉄、元京阪、元南海のものが走ってるんですよ！　あと毎日SLが走ってる！　毎日走っているのは大井川鐵道だけなんです。仕事で今年の3月に行って、自分で桜を見に4月に行って、また仕事で6月に行きました。

## 見ておいてほしい路線や鉄道

鉄道好きとして行っていたわけじゃなくて、よく行っていたのが京都と滋賀県を渡る湖西線。ここもいい景色がたくさんあって、乗ってるとだんだん琵琶湖が近づいてくるのがお気に入りです。琵琶湖ってすごく大きいんですよ！　私のお勧めは志賀駅の景色が最高です。

阪堺線もいいですね。600円で1日

乗り放題だし、社内アナウンスも女の人で個人的に好きです。ボタンもチーンって鳴るのがいいんです。終点の浜寺公園駅がすごくきれいで、お勧めです。沿線もいいですよ。下町も、帝塚山という高級住宅地も通っていて車窓から見ることができます。ぜひ残したい鉄道ですね。

電車の顔を見て楽しむこともありますよ。西武のスマイルトレインはかわいくて好きです。大阪の阪和線で走ってる103系は車体が全部水色なんです。環状線の水色バージョンですね。天王寺駅に行くと見れますよ。

## 悔やんでいること

三重県に行ったときに、下調べが足りなくてよくわからなくて駅員さんに聞いたら、「今日中に大阪に戻るのは無理」って言われて、失敗に終わったことがあります。後で調べると三重県って近鉄が便利なところだったので、JRだとけっこう大変なんですよね。調べてくればよかった！ってすごく後悔して、絶対リベンジしたいなって思いました。

ひとりで2泊3日とかするとだんだん疲れもたまってくるから、ついつい乗りそびれちゃった電車があったりしますね。本数がめっちゃ少なかったので乗れなかったり、「奥出雲おろち号」も乗れなくて、そういうのはいっぱいありましたね。いくらひとりで地方に行っても、失敗はあります。それがあるからこそまた行きたくなるんですけどね。

## 乗りたい電車

青森新幹線ができたら、その沿線は第3セクターになって18きっぷで乗れなくなるかもしれないので気にかけてます。今のうちに乗っておきたいですね。電車はなくならないと思うけど怖いです。新幹線によって在来線の運命が変わっていくこともあるので……。

あと、自分の働いたお金で、家族と一緒に寝台特急「トワイライトエクスプレス」に乗りたいです。大阪から札幌まで行く臨時の寝台特急なんですけど、仕事で乗ったときに、これは家族と乗りたいなって思いました。

## 旅のプライスレス

ひとりで歩いていると、おじちゃんおばちゃんがよく心配して声をかけてくれます。そういうのはそこにいないと経験できないことだから貴重ですね。地域の人とのコミュニケーションを楽しむのが好きです。ふとした出会いが面白いんです。大分で道を曲がったらいきなりおっちゃんがいて「おい、何してるんや」って言われたことがあって、「ちょっと一人でぶらぶら旅をしてて……」って答えたら、「じゃあ、ついておいで」ってめっちゃ景色がきれいなところに連れてってもらいました。そういう出会いは何にも替えられないですね。

## やってみたいこと

デジタル一眼レフのカメラを買ったので、かっこいい車両も撮りたいけど、浜寺公園駅とか雰囲気のある駅舎を撮りたいですね。列車だけの写真よりは旅の風景とか、青空と列車とか、そういう作品ぽいものが撮りたいです。おもしろ看板や街のちょっとしたことも気になるので、**秋葉原のミルクスタンドとか、**ああいうのをうまく撮りたいですね。

## こんなこともしてみたい

鉄道のことをもっと広めるには知識とかさらに勉強しなくちゃと思ってます。あと、自分で見た旅の面白さを写真や文章で伝えられたらいいな。変なキオ

スクとか、旅先ならではのものですね。「私はこの目線で楽しんでるの」っていうのをうまく伝えたいんです。電車と旅はセットになっていて、旅の面白さを伝えつつ、電車の良さも一緒に教えられるようになるとベストかなと思います。

最終的な野望としては、本を作りたいですね。ブログにその日のおもしろかった写真を載せたりしているんですが、そういう感じで鉄道と直接は関係ないけど全体を通して楽しめる本を作りたいです。窓から鉄道が見れるカフェや、ご当地のキオスクを探しているので、そういう本も、自分でも作ってみたいですね。

## みなさんへ

私はそんなに知識があるわけでもなくて、ただのんびり旅をするのが好きなだけなのでオタクとはほど遠いと思うんですけど、今まで話してきたことに対して共感したり、面白いポイントがあるよっていう人は教えてほしいです。この世界をたくさんの人と共感できたらなって思います。私も知らない世界がまだまだあるから教えてほしいし、私もできることは伝えていきたいです。

### 斉藤雪乃
Yukino Saito

◉1985年12月29日生まれ
大阪府出身／A型　舞夢プロ所属
鉄道や旅の魅力を番組や雑誌で紹介。また関西ではお天気キャスターとしてもレギュラー出演中！

■主な活動履歴
・NHK「上方演芸ホール」
・読売テレビ「朝生ワイド す・またん！」
「ズームイン！！SUPER」
・雑誌「DIME」（小学館）
・雑誌「鉄道のテクノロジー」（三栄書房）
・雑誌「自転車と旅」（実業之日本社）

撮影協力／鉄道博物館　（問合せ）☎ 048-651-0088
http://www.railway-museum.jp

ヲ乙女の世界09

# 史絵.

## 子どものときに抱いた都電への思い 今も変わらず多くの人に伝えたい

### おじいちゃんと一緒に

出身は埼玉県です。小さいころはおじいちゃんが都電荒川線沿線に住んでいて、近所の線路沿いに都電を見に行くのが大好きでした。おじいちゃんが都電荒川線の写真を撮りに行くときはよく連れて行ってもらって。

それに都電荒川線は職員さんが優しく、運転手さんと乗客との距離がとても近いんですね。そこから好きになりました。友達に「好きなキャラクターは何?」って聞かれたら「**都電**」って答えるくらい。

小学校低学年になると今度は私がおじ

電車の番号って私からみるとそれは名前なんです。

ヲ乙女スタイル：鉄道

Shie.

WOTOME WORLD 09

撮影協力／東京都交通局・荒川電車営業所

いちゃんの手を引いて、都電を見に行くようになりました。高学年ではもうひとりで見に行くようになり、都電のイベントにもちょくちょくお邪魔してました(笑)。都電はイベントでグッズを買うと、おまけをいろいろつけてくれるんですよ。おまけは非売品のものがほとんどで。今だと、ポストカード、めんこ、絆創膏、下敷き、クリアファイルとか、色々ありますね。

小学生ながらに都電は相当乗りましたよ。あっ、でも停車場の名前を覚えようとしたことはないんです。何度も乗っているとアナウンスが自然と耳に入ってきて知らず知らずのうちに覚えてるんですよね。**車両の名前も、人の名前を覚えるのと同じ感覚**で、覚えないと失礼かと思って(笑)。子供がアニメのキャラクターを覚えるのと一緒ですね。電車の顔と番号を見て、それで覚えてました。私からしてみたら番号は名前なんです。気づくと顔を見れば番号がわかるような子どもになってました。

## 言えないジレンマ

中学生のとき友達と一緒に都電に乗っていると、同じ車両に鉄道愛好家の方がいたんです。その人は「かぶりつき」といって運転席の後ろにピッタリ貼りついて進行方向をじぃっと見ていたんですね。そこで運転手さんの真似もしたりしてて……。あぁ分かるなぁと、ふと隣に目をやるとその人を見ていた友達が引いてしまって。私も声に出さないだけでアナウンスの真似を心の中でやっていることもあったし、それこそかぶりつきもやっていたし……私も同じなのにと思って、友達の反応に傷ついたんです。自分のことを今まで普通だと思っていたため落ち込んで、他の友達にも相談しました。「こういう人がいたんだけどどう思う?」ってあたかも自分のことじゃないような感じで。反応はやはり同じでした……。家には鉄道模型や本があったから、友達が遊びにくる時は、**押し入れに隠して**たりしていましたね。

当時は、女の子で鉄道好きって公言している子が他にいなかったので、イベントにも家族としか行けず、勇気を出して誘っても断られちゃったり、**友達と行けないのが辛かった**です。今は鉄道好きの女子が多くなり本当に幸せです。

**鉄道は硬派な世界**だと昔から言われていて、女性が入ったら軟派になっちゃうというか、女には寄り付かないでほしいっていうオーラを感じて、私もだんだん近づき難くなりました。女友達には鉄道好きだと引かれてしまう。かといってイベントは男性だけで輪に入れず、どちらか

らも取り残されたと感じてましたね。

それで鉄道からは離れて女友達と遊んでいました。イベントに行ってなかったからグッズは買えなかったんですけど、鉄道本はなんだかんだで買ってましたね(笑)。やっぱり100%離れることはできなかったんですよ。

## 運命の出会い

高校時代よりも、社会人になってからの方がすごく忙しかったので、そのころもそんなに夢中ではなかったですね。最初はOLをやっていて、芸能界からスカウトがあり、芸能活動を始めました。オーディションを受けると、だいたい「特技は?」って聞かれるので、そのころから「鉄道」って答えていたんですよ。でも今ほど鉄道という趣味が認知されていなかったため、大抵の方から「変わってるね」と言われることの方が多かったですね。ときには、「オタクっぽく見られるよ」、「かわいい女性らしい趣味は他にないの?」って言われることもありました。自分としては、好きなものに嘘をつくのは嫌だし、好きなことで仕事をしていけたら幸せだなと思っていたので、好きなものを好きっていうのがマイナスだって言われるくらいなら……と思って、一度芸能界をやめたんです。

それでまた以前のように普通に働いていました。そんな中、都電荒川線の映画の出演者や脚本家を募集しているのを見つけたんです。舞台となるのが、自分がいちばん好きで特別な存在の荒川線で、これは運命だ! って強く思いましたね。もともと作家になるのが夢だったというのもあって、脚本と出演者両方で応募したんです。でも、「脚本はほぼ決まっているから、出演者の方は?」と声をかけられ、映画の内容を聞いたらすごくよかったため、「出演者として関わらせてください」と答えました。その後ヒロインに受かり、映像デビュー。これが鉄道女優として活動を始めるきっかけとなりました。鉄道の映像を製作する会社に所属して、鉄道に関する媒体の映像、雑誌やテレビのお仕事をさせていただきました。

## 鉄道女優からジャーナリストへ

映像の仕事は企画書から内容まで考え、そのうち執筆活動の仕事も入ってくるようになりました。そんな折、梅原淳先生という私が最も尊敬している鉄道ジャーナリストの方にお会いする機会がありました。今は師匠と呼ばせていただいている方です。師匠が記している本や雑誌をほぼ全部読んでチェックしていたので、

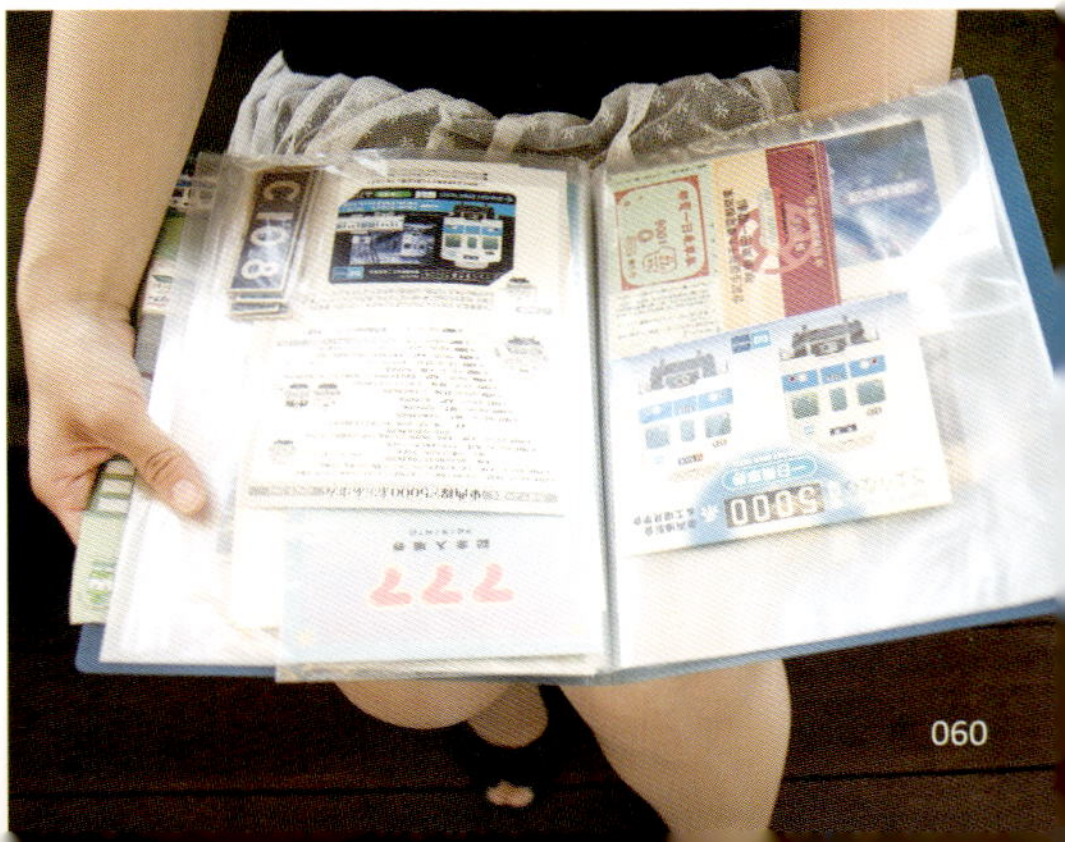

※史絵．さんのコレクションの一部。都電荒川線の案内図と路線図は現在のものとは異なります。

お会いしたときに私があまりにも師匠に詳しくてびっくりされました（笑）。

そこで文章を書きたいという夢があることをお話ししたら、「弟子にしてあげましょう」と、師匠の事務所に入れていただき、そこから執筆活動を本格的に始めるようになったんです。

## 日本の路面電車

日本に路面電車は、17の軌道経営者があり、これらのほか、路面電車を対象にした軌道法という法律の適用を受け、実際に線路が道路上に敷設されている区間があるものとして、全部で19箇所の軌道経営者があります。

北は北海道から南は鹿児島まであるので、行こうとするとけっこう大変なんですよ。札幌市電、函館市電、東京都・都電荒川線、東急世田谷線、豊橋鉄道、富山地方鉄道、富山ライトレール、万葉線、福井鉄道、京福電気鉄道、京阪電気鉄道、阪堺電気軌道、岡山電気軌道、広島電鉄、伊予鉄道、土佐電気鉄道、長崎電気軌道、熊本市電、鹿児島市電。

まだ鹿児島の路面電車には乗っていないので、すごく行きたいんです！ 軌道芝生手入れ用の芝刈り機がついている車両があって、拝見してみたいんです。鹿児島には行っているのに、路面電車には乗れていないのがすごく悔しいですね。

## これからの目標は

**路面電車全制覇**をしたいですね。それが今の目標です。今年に入り、未経験の路面電車に乗車する機会が多々あり、あとは鹿児島だけ！

あまり目を向けられていない場所にも行ってみたいですね。人気の路線はもちろん、ローカルな路線にも目を向けてほしいなと思います。ひとりでも多くの人に乗ってほしい。私がその場所の良さを発信していく役を務めたいです。

鉄道の魅力を書き続ける以外には、自分がおばあちゃんになったころに、「あの人、鉄道のおばあちゃんだ」って言われるような存在になりたいですね。

## 鉄道の魅力を皆さんに

鉄道は暮らしに密着していて、生活の中で利用する方は多いですよね。みなさんの足となり活動していて、輸送手段のひとつです。けれど、違う見方をしてみると、もっと魅力があることに気づいてもらえるんじゃないかなと思います。例えば都電。三ノ輪橋停留場が2007年に、昭和30年代風に改築されているんです。レトロなホーロー看板や停留場のたたずまいに、きっとこれまでにない魅力を感じてもらえると思います。

なかなか普段の生活では難しいと思いますが、連休などお休みの日に、路面電車やローカル線に乗って、輸送手段としてではない鉄道の魅力を是非見つけてほしいと思います。

**史絵．**
Shie.

◉鉄道ジャーナリスト。元鉄道女優。2006年「鉄道物語 3」でデビュー。
その後も鉄道関連のテレビ番組「史絵．塾長の鉄娘養成虎の穴」の主演や、鉄道関係の映像に多数出演し、鉄道イベントなどでも活躍。2009 年からは、執筆をメインに活動する鉄道ジャーナリストへと転身し、雑誌への寄稿を中心に活躍。
著書：「進化する路面電車」を交通新聞社から 2010 年 6 月より全国発表中。東京都交通局・都電荒川電車営業所より、表彰状・感謝状授与　鉄道友の会会員

将来はマンガのある居酒屋を作ってそこのママになりたい
ヲ乙女スタイル：マンガ
Hitomi
Kitamura
WOTOME WORLD 10

ヲ乙女の世界10

# 北村ひとみ

## これまでも、これからも
## マンガからたくさんのことを学ぶ

### わんぱく少女時代

小さいころは虫を獲ったり、野原でつくしを穫って遊んでいました。何もなかった地域だったので、おもちゃがあんまりなくて、外で遊ぶことが多かったですね。

小学校に入って、ゲームボーイが発売されたんですけど、持っている子が少なかったので、みんなでひとつの画面をのぞきこんでました。そのころ夢中になったのは『星のカービィ』。かわいくて好きでした。こないだ初めて会った人に「カービィに似てる」って言われて、好きだっ

たけどそれはショックでしたね(笑)。スーパーファミコンが家に来てからは『ドンキーコング』をやってました。

アニメは『セーラームーン』や『クレヨンしんちゃん』を観てました。セーラームーンはミュージカルもお父さんに連れて行ってもらいましたね。好きなキャラはルナでした。

小学校高学年のブームはポケモンでしたね。シリーズは買い集めていました。赤と緑と黄色と青。青は『コロコロコミック』を買って応募券と切手を貼って応募しないと手に入らないんですよ。それくらい好きだったなぁ。

## 小学校からマンガライフ

そのころは『サンデー』がすごく好きで、『名探偵コナン』、『烈火の炎』、『ガンバ！Fly high』、『からくりサーカス』を読んでました。あと、『なかよし』、『りぼん』、『ちゃお』を全部買っていて、発売日に本屋さんへ買いに行くのが楽しみでした。おばあちゃんがすごく優しくて、それでマンガを買ってもらえたんです。あとサンデーとマガジンは父も買っているのでそれを見せてもらったり。藤田和日郎先生が好きになって、他の作品も集めるようになりました。サンデーはとにかくコナンが衝撃的で、今でも新刊は買ってます。

中学生になって、吹奏楽部に入って、部活にのめりこみはじめるんですけど、それでもマンガは買っていました。その頃は『少女コミック』が多かったですね。特に篠原千絵先生の『天は赤い河のほとり』にハマってました。他にも赤石路代先生、新條まゆ先生とか、〝大人の感じ〟に憧れていました。『チーズ！』を読んだり、けっこう背伸びをしていましたね。小さいころから読んでいた、なかよしやりぼんもそのまま好きでした。

蔵書は今の部屋は１５００冊弱くらいですかね。**多いときは月に１００冊以上買っちゃいます。** 節約して40～50冊くらい。中学のときから買っているのは実家とおばあちゃん家に置いています。それを入れるともっともっとありますね。家族も全員マンガ好きだったので、本当に数えきれないくらい。

## 高校はマンガから音楽へ

高校は普通科の芸術音楽系のコースに行ってました。そこでも吹奏楽部に入っていたんですけど、その部活がすごく厳しかったんです。ミーティングは正座して聞く、先生には敬語を使い、

365日中360日は楽器を吹いていて、毎日朝6時から終電ギリギリまで練習という毎日でした。学校が遠かったので、朝4時に起きて始発で学校に行って、終電で帰って1時くらいに寝て、また次の日4時に起きての繰り返し。部活は1年でやめました。やめてからはアルバイトを始めて、自由にできるお金が入って、それでまたマンガを買うようになるんですけど、でも、おしゃれしたいと思うようになっていたのと、バンドをやるようになったので、洋服やCDを買ったり、ライブのチケット代を払ったりして、そっちの方が楽しくなっちゃって、高校の後半は一時期ちょっとマンガから離れてましたね。バンドではボーカルをやっていました。

## 新しい仕事との出会い

大学は音楽科の大学に進学したんですが、1年でやめてしまいました。学費が高かったのと、すごく忙しくて。ちょうど大学をやめた次の月にスカウトされてたんです。このまま何の目標もないままアルバイトをしているのもなんだかなと思って、やらせていただけるのならチャレンジしたいと思って、今のお仕事を始めるようになりました。

## 大人のマンガライフ

仕事も決まって時間を調整できるようになってから、ふと、あのマンガ読みたいなと思って、『天は赤い河のほとり』を読み返したんです。そうしたらやっぱり楽しくて。昔、マンガを読みあさっていたころを思い出して、また買い集めるようになりました。結末が気になっていた『からくりサーカス』を買って、藤田先生の他のマンガも読んでみたくなって、『うしおととら』を集めて、原画集とかイラスト集とかにも手を出して……。最初は知ってる漫画家の先生ごとに作品を買い集めてたんですけど、それから本屋さんに置いてある新刊の平積みを全部買いたくなって……。昔読んでいたのが今もつながっているラインナップもあります。鉄板なのは篠原千絵先生と藤田和日郎先生。『ワンピース』も好きなので尾田栄一郎先生も好きだし、赤石路代先生もいい。『ワン・モア・ジャンプ』や『暁のARIA』が好きです。

**好きな先生の新刊は内容を知らなくても、とりあえず買います。**

マンガから影響を受けることも多いです。最近ではスーパージャンプの『バーテンダー』という作品。接客業で人に対するちょっとした気遣いの大切さを学び

ただいまガンプラ製作にも夢中。まだ手で塗っているのでエアブラシが欲しいという。上手に作れるようになりたいので勉強中とのこと。

ました。

自分がそういう生活をすることはないけど、普段経験できないことを経験した気になって、ドキドキするのがマンガのいいところでしょうか。『嘘喰い』というギャンブルを題材にした作品は、私には絶対できないなって思うけど、こういう人生もスリルがあっていいんじゃないかなって思えるんです。あと、悲しいことがあっても、マンガの世界に入り込めれば、読み終わったときにすっきりするのも好きですね。楽器をやっていたころは、そのときの感情が出てしまうので、余計にイライラしてしまったりもしていたんですけどね。

もしマンガがなかったら、グレていたかもしれないんです。マンガを読んでいたら悪い子にならないと思うんですよ。マンガは仲間の大切さや、人にやさしくすることを教えてくれて、逆にこういう悪いことをしたらこうなるんだよっていうのもあるから、小さい子に与えたら心が豊かになると思います。

## 将来の夢は

マンガ居酒屋を作りたいですね。新橋のガード下に小料理屋みたいなのを作って、マンガをいっぱい置いて、会社帰りのサラリーマンがマンガを読みながら一杯飲んで、おいしい料理も食べられて、そういうホッとする場所を作りたいなと思っています。それはいくつになってもできるので、今はたくさんマンガを増やしたいと思っています。あと、ガンプラを飾る私用スペースも作りたいですね。

## マンガで広がる輪

まだまだ知らないことがいっぱいで、知りたいこともたくさんあるので、この本を読んでいる方がこれを教えてやろうとか、これを知らなきゃダメだと思った方は教えてください。ちょっとずつ自分の作ったものもブログにアップしているので、それを見て、こうしたほうがいいとかアドバイスもいっぱいいただきたいです。マンガや趣味の世界で友達の和を広げていきたいです。あとお店を開いたらぜひ遊びに来てほしいです！

北村ひとみ
Hitomi Kitamura

◉ 1985年7月16日生まれ
埼玉県出身／A型
グラビアアイドルとして活躍中。
現在は撮影会を中心に活動。
スカパー 371ch
『水着DEしちゃお』準レギュラー
DVD『ポニョポニョわんだーらんど2』
（イーネットフロンティア）発売中

撮影協力／まんだらけ中野店

ヲ乙女の世界11

# 加戸ひなた

## 中学生でメイドに憧れた現役高校生
## 今は秋葉原でカードバトルに夢中

### 中学生でメイドに憧れる

　保育園ではずっと先生にくっついていたか、ベイブレードをやっていました。そのころは男の子と遊ぶのも何とも思っていなかったので、よく男の子系の遊びをしていました。小学校に上がっても、男女かまわず遊んでましたね。でもあんまり小学校のころは覚えてないんです。

　中学生になると、保育園から一緒だった近所の幼馴染の子と、部活をきっかけに遊ぶようになったんですが、その子がすごいオタクで、遊びにいってるうちに、

『ヴァイスシュヴァルツ』はカードゲームの天下一武道会です。

ヲ乙女スタイル：カード・アニメ

Hinata Kado
WOTOME WORLD 11

だんだんと自分もそっちの方向に……。

その子の部屋には私の知らないマンガがたくさん置いてあって、面白そうだなと思っていろいろ貸してもらうようになったんです。中でも『これが私のご主人様』という作品との出会いは大きいですね。メイドに興味を持つきっかけになりました。それで秋葉原という存在を知り、**メイドさんが憧れの存在になりました。**それと高校生になったらバイトでメイドさんになりたいと決めました。

その子にはマンガやアニメだけじゃなくて、オタク用語もいろいろと教えてもらいました。ある程度覚えてからは自分でも調べるようになってます。

深夜のアニメにハマりだしたのもそのころ。『涼宮ハルヒの憂鬱』の再放送とか、録画して観てました。私はアニメは絵で決めるんです。内容よりも絵が好きじゃなかったら観てないですよ。『けいおん!』とか『リトルバスターズ』みたいな絵が好きなんです。でも、それだけじゃなくて、これからはどんどん世界を広げていきたいと思っています。

中学時代は**「オタクきもい」**という風潮が強くて、カミングアウトしづらい雰囲気だったんです。それが高校に入ってみたら、携帯にアニメやゲームのグッズを付けているクラスメイトが大半で、話している内容に聞き耳立てたらアレ？っと思って。だいたいが男の子ですね。女の子でかなり色んなことを知っている子がいて、その子と一番仲良くなりました。コスプレも教えてもらって。最初に行ったのは『ジャンプフェスタ』です。そのときコスしたのは、『DEATH NOTE』の弥海砂（あまねみさ）です。衣装といっても、私服っぽかったので、普通のお店で売っている洋服を買って挑みました。最初の感想は……、怖かったですね。レイヤーさんより一般の方の来場者が多かったので、初めての場所で**たくさんの視線を浴びるっ**ていう、なかなかない体験をしました。それからもコスプレのイベントはその子と一緒に行くようになりました。

## カードとの出会い

あと、学校で男の子たちが机を並べて遊んでいた、『ヴァイスシュヴァルツ』というカードゲームとの出会いも大きいですね。デッキと呼ばれる50枚のカードを使って遊ぶんですけど、色んなアニメやゲームのタイトルがカードになっ

ていて、そこから自分の好きなタイトルを選んで遊べるんです。例えば『戦国BASARA』と『らき☆すた』の夢の対戦みたいなことも可能なんですよ。カードゲームの**天下一武道会**みたいなものなんです。で、クラスの男の子が『涼宮ハルヒの憂鬱』のカードを持っているのを見て、ハルヒがカードになってるじゃないか！と興奮して「それ何？」と聞いたら、「やってみる？」ってカードを渡されたのが始まりです。これが面白かったので、自分でも早速買いました。最初はスタートパックともいわれている50枚セットのデッキを買って、後は1袋に8枚入って330円の追加のパックを買って強化していくんです。やり方は放課後ずっとやっていたら覚えられました。帰宅部だったんですけど、自分では**カード部**だって言ってます(笑)。

バイトの日や時間があるときはカードショップに行ってます。そこでは、お客さん同士で対戦ができるんですよ。最初は学校の子に連れていってもらったんです。知らない人と対戦ができることを知って、面白いと思って。色んな人と対戦して話せるようになってから、ひとりで来るようになりました。対戦だけじゃなくて、カードも常に買い足しをしてますよ。ショップは、常連さんからデッキのアドバイスをもらったり、「足りなかったら使ってもいいよ」と隣の人がカードを貸してくれたり**アットホームな雰囲気**ですね。同じくらいの歳の子もたくさんいるし、小学生から大人まで年代広く楽しんでいます。

今持っているカードは700枚くらいですかね。集め始めて半年しか経ってないので、まだまだ足りません。でも、まさか自分がここまで熱中するのかってちょっと怖くなるときもあります。

## オタクの熟成期間

このゲームのよさは、いろんな年代の人と触れ合えることですね。ずっと勝てなかった人に勝てたりもして、自分が強くなっているのを実感できる面白さもあります。それに、いくらカードを買っても足りないって思えちゃうんですよ。終わりがないというか……。夏休みはもっとカードを増やして強くなりたいですね。今年中に1000枚くらいにしておきたいです。今はメイドさんをやりながら、**オタクとして順調に育っている最中ですね(笑)**。

とにかく、今が楽しいので、そんなに先を考えていないというか、**道を外さないようにしたいです。**

メイドとして働いているのも、誇りといったら言い過ぎかもしれないけど、すごく充実しています。自分らしく生きていると、胸を張って言えますね。

## もし、よかったら

これからカードゲームを始めようとしている方、もうされている方、ひなたと一緒にカードで対戦をしてください！

加戸ひなた
Hinata Kado

◉1994年1月10日生まれ
B型
ミアエンターテイメント・ミアガイド所属
メイド喫茶、撮影会を中心に活動。

# 第二章 ヲ乙女の《をとめの》部屋《（なか）》

彼女たちを形成する起源《ルーツ》と本音を、その絶対領域《へや》の中に見る。

WOTOME ROOM

# Noa

WOTOME ROOM 01

私にとってゲームは歯磨きと同じくらい自然なものなんですよ。

ヲ乙女スタイル：ゲーム

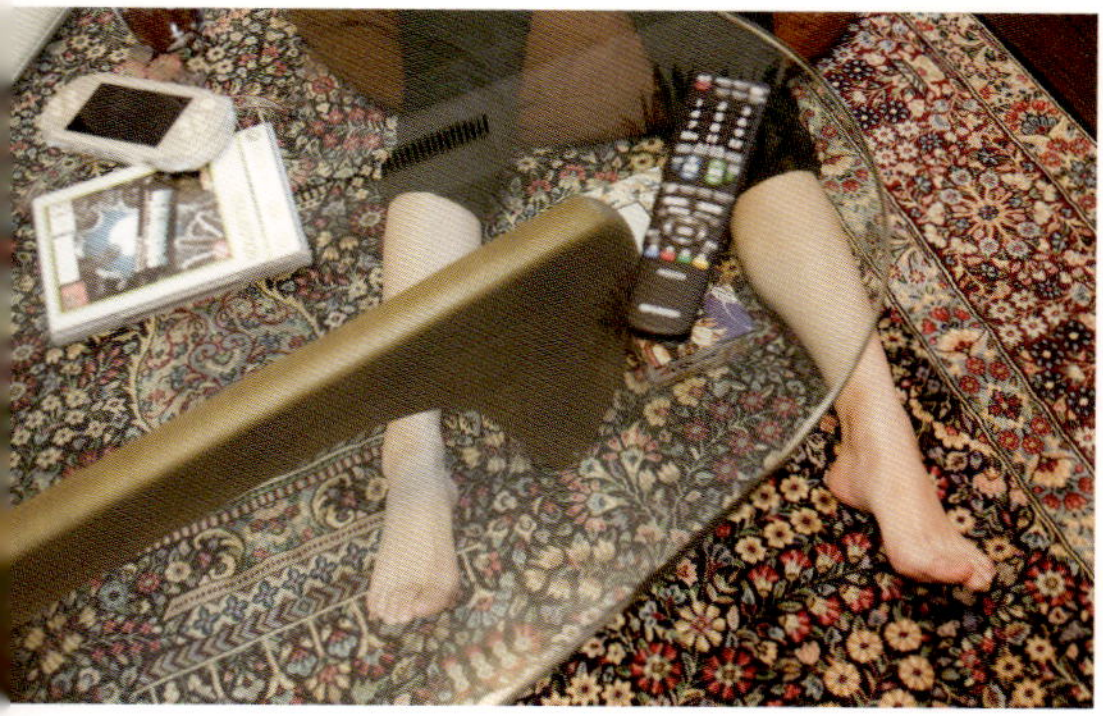

ヲ乙女の部屋01

# 乃亜

## ハードなセクシータレント業から ハードな海外ゲームの品評まで

### 外の世界がリアルRPG

5、6歳のころはファミコンで遊ぶことが好きで、中でも『スパルタンX』が好きでしたね。敵が出てくるとボタンを押すだけでいいので（笑）。

近所に同年代の子どもたちがいたんですが、その中でちょっと年上で体が大きい女の子がいて、その子のことが嫌いだったので、外に出るのが嫌でした。強気な子で、その子と仲良くならないと他の子とも一緒に遊べないみたいな。それが面倒だったので家の中にこもってゲームをやっていました。

ゲームは気がついたら家に置いてあって、ソフトもいつの間にか増えてましたね。色んなソフトが積んであって、そこから好きなものやりなさいみたいな。家には本棚はなかったけど、その代わりゲームソフト専用の棚がありました（笑）。

小さいころはRPGが理解できなくて、ひとつやってみたんですが、ゲームが始まると何の説明もなくいきなりダンジョンがあって、敵にぶつかって、やられると終わるじゃないですか。**現実の世界ともリンクしてるようで嫌だったんですね。**外の世界に出ると嫌いな女の子がいて、その子にぶつかってしまうみたいな（笑）。それだったらスパルタンXみたいな、敵が次々出てきてやっつけていく方が楽だなと。幼稚園のころの記憶はほとんどないです。嫌いな子がいたことははっきり覚えているんですけど、仲のいい子がいたという思い出はないですね。

### 小学生になって処世術

小学校に入ってスーパーファミコンが出て、これもいつのまにか家にありました。クラスの中ではどちらかというと暗い方だったので、いきなり友達ができて楽しくやるとかそういうことはないですね。それでも、隣の席の男の子とゲームを介して友達になれて、ソフトの貸し借りはしました。

休み時間は必ず外に出て遊ばなきゃいけなかったんですけど、絵を描いていたら出なくてもいいということもあって、**教室でずっと絵を描いていました。**落書きみたいなのじゃなくて、コンクールに出すようなけっこう**本格的**なやつです。だいたい賞はもらえましたよ。休み時間毎日ずっと描いていたんで（笑）。

**処世術として、コミュニケーションとか面倒くさいことをするくらいなら、ひとりで教室でもくもくと絵を描いている方がいい、ひとりでいる方がいいということを学びました。歳を取るにつれてだんだん心を閉ざしていく（笑）。始まりは8歳ですから。**それでも学校はちゃんと休まず行っていました。行かなきゃいけないと思っていたので。

ゲームを通じて仲良くなった友達が家に遊びに来るようになると、家にソフトがたくさんあるので、「おまえん家すげーな」って一躍ヒーローになれました。

でもみんな勝手に家のものをあさっていくのが嫌だと思っていたので、だんだん来てほしくないなと思ってきて（笑）。友達の家に行くようにして、家には呼ばなくなりましたね。私の所有物に勝手に触ってほしくないんですよ。一人っ子体質なんですかね。

友達が持っている自分の知らないソフトを知って、色んなゲームをやりたいなと思いました。やったことないゲームをやりたいという欲が出てきて、放課後は中古ゲームショップに行って、何を買うわけでもなくそのお店で商品を眺めてました。

おこづかい制ではなかったので、おこづかいを貯めて買うとかそういう体験は

ないです。たいてい欲しいと言ったらゲームソフトは親が買ってくれました。

買い方はゲームショップで売っている商品で決めてました。ファミ通みたいな情報誌を知るのが遅かったんです。雑誌は自分で買うということはまったく考えていなくて、家にあったのを読んでいました。たぶんお父さんが買ってきてたんでしょうね。アニメは観てなかったです。マンガで読む方が楽しいと思っていたので。ドラマを観るくらいならゲームをやっていた方が楽しいので、**ドラマはいまだに興味がないです。**小さいころから自分の部屋にゲームがあったので、それをやっていました。

少し大きくなったら、やっとRPGもできるようになって、ファイナルファンタジやドラクエは借りて遊びました。ドラクエのレベル上げに夢中になってたときは、寝てなさすぎて運動会で貧血を起こしたことがありますよ。ドラクエⅥまではレベル99までいきましたね。Ⅴはすごく大変だったけど、データが飛んじゃって。あれは悲しかった……。

**小学校のときに好きになった子は、いじめられっ子にいじめられて、よく土下座をしている子でした(笑)。**

別に土下座をしていたから好きになったわけじゃなかったんですけど。ゲームをやる子はいじめられるんですかね……。その子と話していたら、「俺、○○ちゃんのことが好きなんだ」って他の女の子の名前が出てきたのでそこで淡い恋は終わってしまいました。

## ある意味平穏な中学生活

中学は家の近所の公立の学校で、いろんな小学校から人が集まってくるから、さらに人が多くなって、**もっとしゃべらなくなって。**

部活は強制だったので、茶道部に入って、あまり行かずにすぐ帰ってました。茶道部に入った理由は、大会もないし、練習もそんなにいらないから(笑)。**休み時間はしゃべる相手がいないので、漢字の練習をしていました。**2百字帳っていうノートがあって、漢字検定を受けるんだよっていうオーラを出しながら、ただひたすら漢字を書いていました(笑)。実際は受けなかったんですけどね。周りの子たちはきゃっきゃ楽しそうにしている中でずっと漢字の書き取り。あとは**寝たふり**かな。

中学で恋愛はなかったんですけど、私には大学生の彼氏がいるっていう噂があ

りました。たまに女子に「シャンプー何使ってるの?」とか「化粧品何使ってるの?」って聞かれたけど、全然興味もなかったし、それに女子が話しかけてくるだけで緊張しちゃって、まともな返事もできなかったんですよ。話しかけづらい雰囲気を出していたのか、男子は全然話しかけてこなかったですね。**ある意味平穏な日々でした。**

家に帰ってからは、主に**ギャルゲー**をやっていました。きっと学校生活はこんな感じなんだろうなって思いながら。あと、プレステで『太陽のしっぽ』っていうゲームにむちゃくちゃハマっていて、ギャルゲーと合間を挟んでやってました。これは主人公が原始人で、狩りをして捕まえたマンモスの牙を積み上げて塔を作るというゲームで、世界観がすごく好きでした。プレステの初期のころに発売されたものだったので出来もあんまり良くなかったんですけどね。ギャルゲーに疲れたらこのソフトで遊んで、ゲームの息抜きもゲームでしていました。

## ギャルゲーがお手本の女子校

高校は、とにかく**高校デビュー**したかったんで(笑)、同じ中学の子が行かないような遠い女子校を、推薦をもらって行きました。受験勉強もしたくなかったので。**ギャルゲーで培った世界を解き放つ**機会だと思って、気合い入れてましたよ(笑)。

学校に入ってすぐに前の席と後ろの席の子が話しかけてくれて、PHSを持っていたので番号を交換して、**薄っぺらい友達はすぐできました。**普通の女の子を演じていたのでゲーム好きは隠していました(笑)。

**高校はギャルゲーを手本に選んだ〝お嬢様系〟**のところだったので、いつボロが出るかわからなくて怖かったです。無理ばっかりしていましたね。ファッションのこととか言われてもわからないので、会話はもっぱら相手に合せたり。

入学して2ヶ月くらいしたら、部活に勧誘されたんです。登下校が一緒の子に、「バスケ部に入らない?」っていきなり言われたんです。たぶん身長があったからだと思うんですが。それで入部して、髪をばっさり切ってショートカットにしたら、周りから「キャーかっこいい!」って言われるようになって。始めて学校生活が過ごしやすくなりましたね。女同士で無理してやっているよりは、男扱いでいいからキャーキャー言われているほうが楽だと思って。

で、**家に帰ってゲームやってました（笑）**。友達と話を合わせるために、ドラマを見ようとか努力は一切しなかったですね。**私は私のやりたいことをやる感じ**で。テレビはありましたけど、ほぼ（ゲーム用の）モニターとして使ってました（笑）。

## 女子校時代にできた彼氏

学校の中にゲームの話ができる友達はいなかったんですが、高校に入ってすぐに友達の紹介で彼氏ができて、その人がすごい**ゲームオタク**だったんですよ。お互い最初は隠していたんですが、3ヶ月くらいしてボロが出て。彼氏と遊ぶときはもっぱらゲームでした。彼氏とのゲームが楽しくて、秋くらいにバスケ部をやめました。バスケはすぐやめちゃったけれど、モテキャラだけはなんとか維持しましたね。それがないと学校生活がつらいんで。

高校2年くらいから、モデルのアルバイトをするようになって、こういう仕事をしていったらなんとか食べていけるんじゃないかと思い始めてました。バイト代で家を出て一人暮らしをするようになったのもこのころから。学校には通信制の大学を受けるといってごまかして。結局大学には行ってないんですけど。

## ふっきれる

高校卒業後、タレント業を始める冬くらいまで昼間はゲームショップでもバイトをするようになったんです。そこに

通ってくるゲームオタクの男の子と知り合いになって、新作情報は彼と彼のお兄ちゃんからもっぱら仕入れていました。そのころはメインがプレステ2で、ゲームキューブとゲームボーイアドバンス、あとドリームキャストもやっていましたね。**高校時代から唯一のゲーム友達であり、一番仲の良かった彼氏が高校卒業してすぐに亡くなったんです。**それでやけくそになって、なんでもできるようになりました。セクシー系の仕事もできるようになったし、苦手だったゾンビ系のゲームも怖くなくなったというか、**現実世界とゲームの世界のバランス感を取っていた彼氏がいなくなったことで、自分の中で色んなことがふっきれたんだと思います。**今の仕事も19の冬から始めてました。

ファッションは興味がないので、友達にいらなくなった服をもらったりというのは今でもやってます(笑)。ファッション誌も読まないんで、インタビューとかで「よく読む雑誌は?」って聞かれるとすごく困るんですよ。ファミ通くらいしか読んでないんで(笑)。

## 真冬に屋外でこたつ

ゲームの記事を書き始めてから、「ゲームのことを聞きたい」ってオファーはたくさんきたんですよ。でもだいたいお断りしてました。というのも、マネージャーがゲームのことをよくわからなくて断っちゃってたんです。よくわからなくて**怖いと思ってたみたいで(笑)。**ゲームと、今のお仕事を絡めての仕事だとセクシーゲームみたいな仕事が多くなりそうだったので、それは私の方から受けませんということは伝えました。

ゲームだけの仕事だったら受けると伝えていたときに、ちょうど、アクワイアさんから新作ソフトの発売記念イベントにゲストで来てくださいという話があって出席しました。そのイベントは秋葉原のヨドバシでやったんですけど、会場というか外にテントを張って、ゲーム実況の〝えどふみ〟さんとこたつの中に入って、一緒にゲームをするというものだったんです。**1月で屋外でこたつ(笑)。**でも、楽しかったですよ。ゲームのみの仕事をやったのはそれが初めてで。今後もこういう方向でのお仕事が増えたらうれしいですね。えどふみさんとはそれからも一緒にお仕事をさせてもらっています。

## 寝たら死ぬ

ゲームソフトはほしいのがあればそのつど買ってます。Xbox 360が好きで、FPSの殺戮ものばっかりやっていて心がすさんできたなと思ったら、南の島の大統領になるシミュレーションゲームの『トロピコ3』を買ってバランスを取るようにして。って、まだやってはいないんですけどね(笑)。FPSでは、**ひとつの都市が潰れるくらいは殺してますね(笑)。**バイオレンス系は今でも好きで、新しいものが出ると買っちゃいますね。情報はつねに仕入れるようにして、やれそうだったら海外バージョンでもやりたい、でも英語が苦手なので、できれば国内バージョンになってるとありがたいかな。

ゲームは時間が許されるかぎりやりたいです。オフが来るとゲームをしていて、気がついたら休みが終わってるみたいな状況はよくありますよ(笑)。ずっとやり続けていたいんで、眠くなることが許せない。**寝たら自分も死んでしまうと思うから(笑)。**

『デッドライジング』の∞モードでは、ゾンビだらけのショッピングモールで、何時間生きてられるかを競うんですけど、キャラクターを常に動かしてないと死んじゃうので、それは眠くても寝れないし大変でした。それに挑戦したのがちょうど正月休みで、けっこうやりましたよ。24時間以上、もっとかな。とにかくそれで正月休みがなくなったんですから。水分を多くとるとトイレが近くなるし、なるべく最小限の装備で挑みました。ゲームの中で生き続けることと現実世界で生き続けることが**完全にリンク**していたんじゃないかな（笑）。

## パソコンは危険

オンライン系は『ファンタシースターオンライン』がドリキャスで10年くらい前に出ていたので遊んでました。あれがオンラインゲームだと思っていたので、最近になって『ラグナロクオンライン』を友達に教えられて知って、やってみたんですけど、操作が違うので1日やったくらいで終わってますね。あまりピンとこなかったというか。パソコンは始めちゃうとハマりそうな気がするので、手をつけてないです。だってどんなゲームでもネットにつなげばできるし、無料のフラッシュゲームとか置いてあったりするんですよ。**これは危険です。自分の性格をわかっているので（笑）。**

## プレイ中はゲームの世界

とにかくバイオハザードがオッケーになってから、**ゾンビって面白いなあって**そっち方面ばかりやるようになりました。小さい頃にはまっていたスパルタンXも出てくる敵をひたすら倒していたので、結局根底は同じなのかな。でも、今のはもっとスリルと自由度が他と違うんですけど。『グランド・セフト・オート』や『Saints Row 2（セインツ・ロウ2）』も面白いです。

好きなゲームができると付き合いが悪くなるんです（笑）。プレイ中は携帯の電源切っちゃうタイプなんで。

仕事で明日の朝は集合が早いってわかっている時はゲームを見ないようにしています。ちょっとでも始めようものなら、とことんやっちゃうので。新しいゲームなんかは絶対開けないようにしています。開けたら負けだ！って思い込むぐらい（笑）。開けるだけでわくわくして、結局誘惑に負けちゃうんですよ。

攻略本はハマっていたゲームなら、やり終わった後に設定資料集の気分で買いますね。見落としがないか、**思い出アルバム**を見ているような気持ちになりますよ（笑）。

## プレイ本数

**これまでプレイした本数は、自分でもわかってないです。相当な本数イってると思うんですね。**クラブ任天堂も毎年プラチナ会員になってるくらいだし。お給料はゲームくらいにしか使わないんです。たまにまとまったお金が入ると、気になってたけどやってないソフトを中古で20本くらいまとめて買ったりしちゃうので（笑）。そういうゲームは結局積んでいかれるんですけど。積まれているもので**100タイトル**くらいあると思います。**『ワンダと巨像』**とかいったい何年経ってるんだ（笑）。それでも買っちゃうんです。

## 今後の活動について

今後もゲームの仕事はやっていきたいですね。イベント系は出たいです。

作ってみたいゲームは、自分の実生活のパラレルワールドがゲームになっていて、好き勝手に欲望を満たすことができるのがあるといいな。現実の周りにいる人たちも出てきて、求婚してもいいし殺してもいい。現実世界とゲームの境目が**わからなくなる**ような。絶対に作っちゃダメなゲームですけどね（笑）。あ、夢と同じような感じですね。

夢はよく見る方です。夢の中では強いですよ（笑）。好きな武器はマシンガンとチェーンソーが合体しているもの。実用的なので好きです。**昨日も夢の中にゾンビが出てきて、倒しまくりました（笑）。**

ゲームをやめるとか今まで考えたことはないし、ゲームを特別な世界だと思ったこともないです。小さいころからやっているので。私にとっては**歯磨きと同じ**くらい自然なものなんですよ。

乃亜
Noa

◉1984年1月12日生まれ
A 型
セクシータレントとしての作品タイトルは検索していただけると星の数ほどでてきます。
次はゲームで責めてイキたいですね。

# Ayane Nanami

WOTOME ROOM 02

絵を描く人かセーラームーンになりたい！と本気で思っていました。

ヲ乙女スタイル：マンガ・魔法少女・仮面

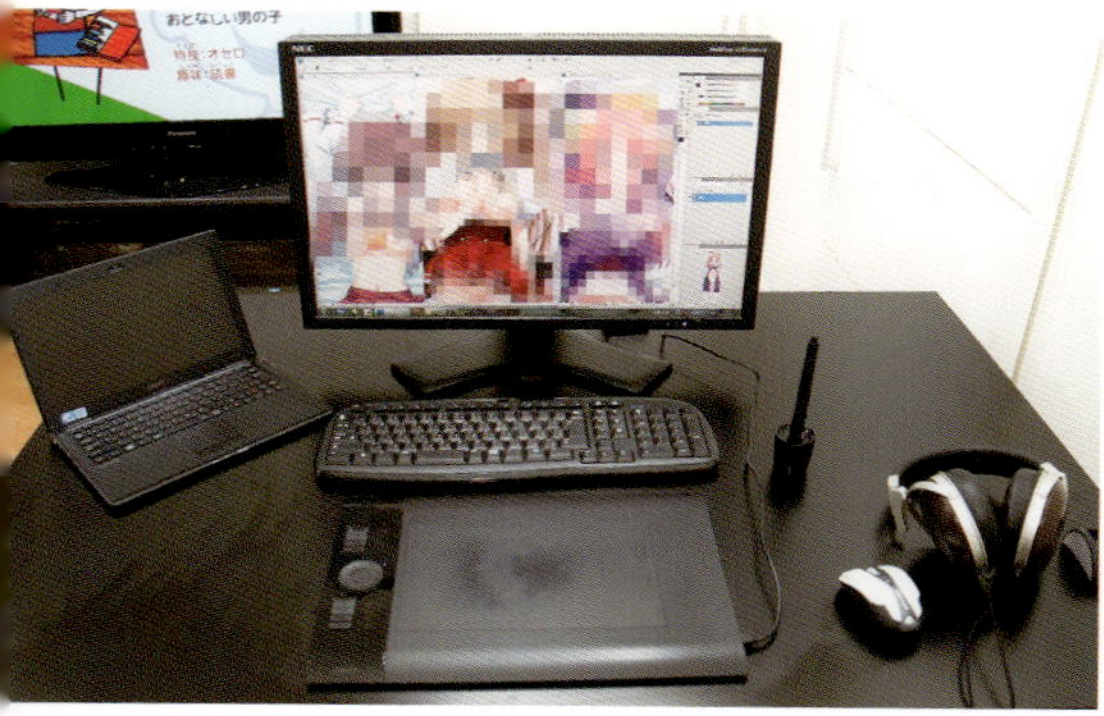


ヲ乙女の部屋02

# 七海綾音

## 魔法少女に憧れたヲ乙女
## ハードでファンタジーな原画の世界

### 空想と仮面と塗り絵

小さいころは今と全然違う面があって、怖い物知らずというか、例えば、友達の家に上がり込んで、そのお母さんに、「帰りたくないから泊まってもいい？」っていったり（笑）。考えるより先に体が動いて、色んなところに行ってましたね。もちろん人見知りはあったんですけど。

あと、普段は自分の世界に浸ることが多くて、歩いて空を見上げるのが好きだったんですけど、雲の形を真剣に見ているうちに、「とまれ」の看板にぶつかったり（笑）。読んだ絵本の物語の中に入り込んで、ひとりのキャラクターになっちゃうんです。読み終わってもずっとその物語をひきずっていて、人を殺す話だったら、誰かを殺しにいかなきゃとか（笑）。影響されやすかったです。危ないですよね。

アニメは色々観てました。特に『美少女戦士セーラームーン』は好きでしたね。その中でもタキシード仮面の面に夢中になって（笑）。NARUTOのカカシ先生とか、私が気になるキャラクターって大抵仮面を付けている人なんです。仮面フェチですね（笑）。仮面じゃないキャラだと、最近ではジョルノやブチャラティです。

このころは絵本と魔法少女アニメが大好きで、絵を描く人かセーラームーンになりたい！と本気で思っていました。

### ぬり絵と模写

小学校のときはクラブ活動はしないで、授業が終わったらどこにも寄らずにまっすぐ家に帰ってました。ほぼアニメを観に帰るみたいな状態です。それと、習い事をたくさんしていました。ピアノ、水泳、バレエ、乗馬など、自分がやりたいことを言って習うことが多かったです。どれも1、2年で終わっちゃいましたが（苦笑）。

他の遊びは絵を描くこと。模写が好きでしたね。ぬり絵も好きで、ぬり絵帳を渡されると、1冊全部塗らなきゃいけないんだと思い込んで、必死に塗ってました（笑）。模写はマンガを広げて描いてました。描いていたのは女の子が多かったですね。クラスの子に「絵を描いて」って言われて描くことが多かったですね。

### 仮面美術部

習い事は落ち着いていたので、名ばかりの美術部に入っていました。先生がほとんど来ないから遊び放題だったんですよ。美術部の友達はアニメやマンガが好きな子が多かったから、それで盛り上がりましたね。そこからちょっとマニアックな方面に世界が広がっていきました。後輩からアニメの雑誌があることを教えてもらって、初めて『アニメディア』を買いました。他にも似たような雑誌を買ううちに、イラストの描き方や同人誌の作り方を知りました。

同人誌はそれまで全然知らなかったので、友達に教えてもらって、最初は地元のイベントに行きました。そこから漫画家になってみたいと思って、道具やどうやったら描けるかを勉強しはじめたんです。マンガを描いて投稿したこともありましたけど、全然ダメでした（苦笑）。このころはマンガにニガテ意識があったので、本を売る側に入ろうとは思わず、もっぱら買いに行ってました。

中学が人生で一番マンガを読んでいた時期になりますね。読んでいたのは、少女マンガ、少年マンガとなんでも取り混ぜてました。雑誌でいうと、『サンデー』、『ジャンプ』、『マガジン』、『なかよし』、『りぼん』、少コミなら『マーガレット』などをだーっと全部読んでました。お兄ちゃんに勧められて自分ではチョイスし

ないようなマンガも読みました。

イラストの投稿を始めたのもこのころです。友達の親戚にマンガ雑誌を編集している方がいて、友達が勝手に私のイラストを見せたことがあったんです。私のイラストに対して「この世界ではやっていけない」って、こてんぱんに言われたみたいで、それを友達が教えてくれたんですけど、負けず嫌いなので、見返してやる！ って思って、もっとイラストを頑張るようになりました。その出来事があったからこそ今があるのかもしれないですね。

それに、人に喜んでもらえることが好きなんですよ。みんなが喜んでくれるから、イラストを描くことがもっと好きになりました。

## まじめな美術部

高校でも美術部に入りました。そのときの部員は、みんな実はアニメ、ゲームが好きだったのに隠してたんです（笑）。卒業してみんなで集まったときに判明して、実は私も……みたいな（笑）。

部活ではみんな普通にデッサンとかしていて、ここは本当に絵を描いている世界なんだと思ってました。私は本格的に絵を描くよりも、集まってきゃっきゃと騒ぐ方が好きで、まじめに部活動に取り組んではなかったですね。

　高校では趣味を話せるオタクなクラスメイトがいなかったこともあって、マンガやアニメが好きなことが恥ずかしい時期がありました。周りに合わせて流行の音楽や洋楽を聴いたり芸能人を好きになったこともあったんですけど、結局なじめなくて、**卒業後見事にオタクに復帰しました(笑)。**

## 漫画家断念

　高校生になって、知り合いの同人作家さんのアシスタントをちょっと手伝ったことがあって、とにかく原稿を作っていくスピードが早くて、**私の手の早さとネーム力ではこれは無理だと痛感しました。**徹夜も多かったですし、体力的にきついなと思ったことも大きいですね。イラストは一枚仕上げると新しい気持ちで次の一枚に取り組むことができることと、時間を取りやすいかもしれないと思ったことから漫画家志望からイラストレーターに気持ちが傾いていきました。もちろん時間については大きな間違いだったんですけど(笑)。当時はイラスト1枚だけ、という仕事とかあるのかなって不安になっていました。

　なので進路は悩みましたね。結局は何も選ばずに、**進学も就職もしませんでした。**卒業してからも悩み続けてたんです。実は美大の推薦話があったんですけど、先生の名前で推薦されているようなものになっていて、私にはそれが悔しくて、コネで進学が決まるという大人の世界に納得できなかったから、それを断ったんです。今にして思えばそんなに突っ張らないで行って少しでも絵の勉強しておけばよかったなぁって後悔してますよ(笑)。

## 原画生活

　高校卒業後、同人イベントに積極的に参加するようになりました。マンガを描いて大小こだわらずイベントに参加して、作品を頒布していました。そこでゲームの関係者の方から声をかけてもらって、それから原画のお仕事が始まりました。

　最初の原画のお仕事では、どうすれば要望に応えられるのか、何から手をつければいいかなどさっぱりわかりませんでした。もちろん**ほとんどが没の嵐**です。なので枚数はたくさん描きました。アマチュアでしたから当然ですけど(笑)。イラスト・デザインの修行みたいなもので、表に出る枚数の何倍も描

く、イラストを描き始めてから初めての精神的に過酷な作業でした。終わったときには後悔と疲れでいっぱいでしたが、初めて自分の絵が商業ルートに乗ってお店に並んだのを見たらうれしさで全てが吹き飛びました。そのお仕事が終わったら次のお仕事が決まって……と、嬉しいことにご依頼がなぜか続いて……気がついたら何年も経って今に至ります（笑）。

何年経っても周りの環境が全く変わらないので、自分の中では高校を卒業してそのままずっと時が止まっている感覚になって、**あれ、私いま何歳なんだろう？**って分からなくなることもよくあります（笑）。イベントに出るのも高校の文化祭の出し物のような気分で参加していますね。

商業用の原画を描いて、それが作品として発売されるまでには結構時間がかかってしまうので、発表されるころには別の仕事にとりかかっていることが多いこともあって**発売日に気づかないんです**。読者の方の感想・お祝いメールなどで発売したことを教えてもらうことも多いですね。

## 休みの作り方

最近の休みは月に1日が多いですね。多いときは3日くらい。それプラス半日休みを3日ぐらいでしょうか。これでもまだましになった方ですね。よく徹夜して休みを作る作家さんの話を聞いていたので、自分でも試したことがあるんです。でも徹夜をしたら体力が復活するまでに2、3日かかって、これは効率が悪いって思って（苦笑）。自分は寝ないとダメだと改めて実感しました。

あと描きすぎると手を壊しちゃうので、1日平均9～12時間くらいしか描けないんですね。それで睡眠もちゃんと取るようにスケジュールを組むと、一ケ月で休みを作るのが難しくなるんです。小心者なので、仕事をため込んでドキドキしないためにも自分のペースを崩さないようにしています。

## よかったこと

あこがれの声優さんや歌姫さん、イラストレーターさんにお会いできたのがとても嬉しかったです。その流れで、美少女ゲームやアニメの主題歌を提供されているI've さんのライブにご招待いただけたり、「ななみん」名義で太秦映画村の「太秦戦国祭り」というイベントのマスコットキャラクター「からす天狗うじゅ」のデザインをした関係で、mosaic.wav さんのライブにもご招待いただけました。うじゅはグッズが色々出てフィギュアにもなったり、今年は京都の市電に描かれて期間限定で走ることにもなったのもとても嬉しいです。

反面、どっちのライブでもすっごく困ったのはトークショーのゲストのご依頼です。今回の取材や、戦国祭りの動画インタビュー、ゲームのサイン会などにも当てはまるのですが、いつも裏方&引きこもりなので表に出るお仕事はもれなくガチガチに緊張します。**極度の人見知りですし、そういった場では基本的に引きつり笑いしかできません（笑）。**

家族共通の趣味は読書。少女まんが・少年まんが関係なく読むことで様々なジャンルの本が集まっている図書室。同人誌は500冊～、コミックス5000冊を超える。

## 成人向けのイラスト

成人向けのイラストを描くことには最初は抵抗があったんですが、それを感じている余裕がないくらいのスケジュールで次々とお仕事を頼まれていったので、恥ずかしがっている時間はなかったんです。言われるがままですね（笑）。でも決して描くこと自体がいやだったわけではなくて、問題は単純に恥ずかしさの部分だけでしたね。男の子よりかわいい女の子を描く方が好きなので、成人向け描写の中で女の子のかわいさを表現する方法を考え始めてからは新しい楽しさを覚えるようになりました。いまはそれよりも少しも前のイラストを見るのが恥ずかしいです。誌面などで発表されたものを一度確認したら、その元データはパソコン内で「終了」フォルダに移動して魔封波なみに封印をしています（笑）。次こそもっとかわいく描けるように……！と、常に前へ前へ進むような状況です。

## 希望とメッセージ

今までのお仕事はまず企画ありきのご依頼なので、企画から立ち上げてみたいです。やっぱりいつかは絵本を描いてみたいですね。飛び出る絵本が大好きなので、そういうのをやってみたいです。万が一そんなチャンスがあったとしても不安の方がはるかに大きいですけど（笑）。

つらいときや落ち込んでいるとき、皆さんからのメールやお手紙に何度も励まされて元気をいただいています。心からのありがとうをイラストにのせて届けたいです。これからも少しずつですが成長して、もっと喜んでもらえるようなかわいいイラストを描いていきたいと思っていますので、これからも応援よろしくお願いします。

### 七海綾音
Ayane Nanami

◉イラストレーター。
ゲーム、小説等のキャラクターデザイン＆原画を担当。
「ななみん」名義で全年齢イラスト、「七海綾音」名義で成人向けイラストを発表。
子ども向けから成人向けまで幅広く描く。
代表作に「からす天狗うじゅ」「いちごのイーたん」など。
疲れた時に愛犬「ラスティ」（愛称ラス）の肉球をかぐのが好き。

ああ、私だけがおかしいんじゃないだって安心できました。

ヲ乙女スタイル：弐次元

# Ai Amano a.k.a.Julie

WOTOME ROOM 03

ヲ乙女の部屋03

# 天野あい a.k.a.Julie

**アイドルとコスプレとVJと写真 その活躍、魔法少女の如く**

## 魔法少女とトランスフォーマー

小さいころは女の子向けのアニメ『魔法の妖精ペルシャ』や『魔法の天使クリィミーマミ』、男の子向けの『トランスフォーマー』や『仮面ライダー』がすごく好きでした。買うおもちゃもファミコンカセットが一番優先でしたね。トランスフォーマーのロボットを買ってもらいながら、魔法のステッキも買ってもらうような、女の子向けと男の子向けのもの両方とも好きでした。

## マンガ漬けからイラスト投稿

小学校に上がってからは、ファミコン全盛期で、カセットがすごく高かったので、友達の家にカセットを持ち寄ってみんなで遊ぶのが楽しかったです。マンガはほぼ『ジャンプ』ですね。塾に通っていて、おこづかいを毎日50円もらっていたので、それを貯金して買ってました。弟は『コロコロ』、『ボンボン』、『てれびくん』を買っていたので、交換して読んでました。ジャンプは『聖闘士星矢』がすごく好きで、『バスタード』も毎週ドキドキしながら読んでました。あと、女の子の友達もいたので、『りぼん』と『なかよし』を借りたりとか。全然違うジャンルのマンガを並行して読んでいたけど違和感はなかったです。

クラブ活動は演劇部に入ってました。殺陣の練習があって、ちゃんばらがやりたかったので(笑)。あと小道具で剣が作りたくて、みんなシンプルな日本風の刀を作っていたのに、私だけ気合いを入れてドラクエの攻略本を見ながらすごく立派な洋風のを作ってました(笑)。

そのころは小説家になりたかったんです。ファンタジーものをずっと書いていて、いつかこれで食べれるようになりたいなって思ってました。授業中退屈だとすぐに話を考えたりとかしていて。当時はもうラノベを読んでいたんです。

小さいころは体が弱くて、病院の院内学校に通っていたんですが、週の半分はベッドの上で過ごしていたので、勉強するか本を読むしかできなかったんでした。それでマンガよりは活字がいっぱいある本の方が長く読めるので、親に頼んで買ってきてもらってたんです。親は小説のつもりだったんでしょうけど、ラノベを大量に買ってきてくれたんです。そこで『スレイヤーズ』や『創竜伝』を読んだのが、小説を書きたいと思ったきっかけです。幸い高学年になって体質が変わったらしく、急に元気になりました。

元気になってからは同人活動をはじめました(笑)。雑誌『アニメージュ』と『ファンロード』を買い始めて、ファンロードって投稿雑誌になるんですけど、そこへイラスト投稿を始めて、そのころに既にもうオタクを極めてましたね(笑)。

## 同人誌即売会デビュー

中学は公立の学校に行きました。そのまま同人誌の活動が加速して、勉強せずにマンガばっかり描いてましたね。毎日毎日描いているから画力も上がってくるんですよ。同人誌を作るようになって、人にお金を出して見てもらうようになって、飛躍的に画力が上がりました。あ、即売会は小学生のころら行きはじめて、中学生になって参加するようになって、イベント会場で申し込み用紙をもらってきて、それで申し込んで参加しました。そういった活動を始めて、学校の友達と同人の友達という両方の存在があったことは大きいですね。学校の友達には同人をやっていることは言ってなかったです。

部活は吹奏楽部に入りました。理由は、アニソンをよく演奏していたので。パートはクラリネットでした。部員がオタクばっかりだったので、そこでもすごく仲良くなりました。マンガ、アニメが好きな人が多かったです

よ。みんな同人誌を持ってきていて、貸し借りしたりもしました。

マンガはプロになりたいなと思って、持ち込みを考えてました。あこがれていたのは『Wings』（ウィングス）ですね。ウィングスと『サウス』を買っていて、サウスの作家さんはほとんど同人誌をやってたんですよ。高河ゆんさんとか、CLAMPさんとか。

## BLへの開眼

高校は女子校です。マンガ研究会に入ってました。高校生になって、BLにすごいはまったんですね。同人誌をやってるとどうしてもBLに触れる機会が多くて、それまではちょっと避けていた部分もあったんですけど、友達でBLに詳しい子がいて、その子が貸してくれた本がすごく面白くてハマりました。ちなみに最初に読んだのは幽遊白書の同人誌でした。**蔵馬の登場シーン**で、私の人生は変わりましたね。それでジャンプを買うのをやめて、そのお金で『麗人』とか、『ビーボーイ』とかBLコミックにまわすようになりました（笑）。

部室では、テーブルトークRPGが流行っていました。それぞれに戦士とか魔法使いとか役割があって、誰かが書いたシナリオに沿って進めるんです。サイコロを振って、5が出たら5ページ進んで、その指示にしたがって、っていう風に。会話をしながら、そのキャラになりきって演じていくんです。テーブルトークをやるためだけに漫研に入った子もいたので、部室の中では常に**ブツブツ何かが聞こえる**ような状態でした。キャラの名前で呼び合って、必殺技も自分で考えて唱えたり……。私はマンガを描きに行っていたので、参加はせず、BGM代わりにしていました（笑）。でも、ずっと子どものころからひとりでマンガを描いていて、学校の友達も別にいたけれど、**完全に自分のことはわかってくれていない、私はどこかおかしいんだって思いながら青春を過ごしていたので、あぁ、私だけがおかしいんじゃないんだって安心できました。**

部員の友達とはアニメの話が多かったですね。あとはマンガの話。声優さんの話がいちばん熱くて、あとは**作画監督**のこととかでも盛り上がりました。当時はセル画だったので、作画監督によっては**神みたいに**変わるんですよ。「昨日のガンダムウィングは神でしたなぁ」とか話してましたね（笑）。

イベントは毎週のように行ってましたね。小さいイベントも探せばあるんですよ。会場にはコスプレイヤーもいましたが人数は少なかったです。同人誌を描いている人がついでにやるみたいな感じでしたね。コスプレは中学からやりました。あのころはずっと男装コスしかやってなかったです。

それまで集めていたマンガが多すぎて、家の底が抜けるといわれて、いつのまにか捨てられていたり、それを発見して、また買い直したりとかもしてました。高校に入ってその半分がBLになりました（笑）。BLのことは家族に隠してましたよ。持っていたのが同人誌で薄い本だったので。それを、本と本の間に挟んでいたんですけど、だんだんその面積が増えていき（笑）。それでお母さんが発見して、ある日家に帰ってきたら**テーブルの上に同人誌が置いてあったんです。**お母さんが「あんた、こんな本読んで……」って心配してましたね。でもまだお母さんに見つかったのはいいんですよ。弟の部屋にあったときはショックでした。その直後から弟もオタクになったんです。それまでもマンガ好きではあったんですけどね。弟がオタクになったのは私のせいです、きっと。

BLにハマってから、プロの漫画家

になりたいと思ってずっとストイックにやってきたものが一気に崩れました。それからは**同人BL作家**として食べていきたいと思うようになりました。実際、同人誌で食べている人っていっぱいいるんですよ。高校生のころは同人友達がすごく増えて、同い年ですでに大手作家の友達もいました。

男同士のBLを学んだのは、すべてマンガからです。**3次元はありえないですね。**紙の中の存在だからいいんです。でも親が心配しちゃって。あまりに没頭していて服に興味がなくなって、全然買ってなかったんですよ。その代わりに画材を買ってもらってました。よく使っていたコピックという画材は1本５００円もしていたから、いくらあってもお金が足りないんですよ。それで着る服がなかったから、お父さんの**がまかつスタッフTシャツ**を着て即売会に行ったりしてました(笑)。

## コンプレックス解消で始めた仕事

大学は推薦をもらって芸大に行きました。デザイン科です。そのころにモデル業も始めました。理由は**コンプレックスの解消のため**ですね。私、気持ち悪いんじゃないかな、このままじゃいかんって思ったので。極端な行動ですよね。クラスでモデルをやっている子に事務所を紹介してもらって、メイクの勉強をしたり、オーディションを受けたりという仕事をしている中で、だんだんアイドル系の仕事が多くなりました。グラビアの仕事をやっているうちに、こっちの世界が向いていると思い始めてきました。ずっとやっていた漫画家の夢もあきらめようかと思っていたころで、いっちょこれでがんばろうと、卒業と同時に東京に出てきました。

## 上京、そして渡欧

アイドル歌手としてデビューが決まっていたので、東京に出てくる覚悟を決めました。でも**裏で同人誌を作って即売会に行って、**コスプレもしていましたよ。事務所では、当時オタクアイドルという存在は千葉麗子さんくらいしかいなくて、千葉さんと同じマネージャーさんがついてくれて妹分として活動させてもらったりもしたんですけど、基本的には隠してましたね。だからコスプレも秘密でやってました。

アイドルをやっているうちにマンガ熱はだんだん下がってきました。描いても画力が上がらなくなって、私の限界はこ

こだと思うようになりました。それで、他に私の作りたい世界観を表現できるのは何かと考えていて、写真に辿り着いたんです。作品集になった『SAMURAI GIRL』の表紙はゲーセンで撮ったんですけど、これが外国の方のツボにハマったみたいで、これで写真集を作らないかって海外の出版社に声をかけられました。この感性で一冊作ってみないか、よかったら面倒みましょうかっていわれたので、それで1年間イタリアに住んだんです。

その声をかけてくれた出版社の人と一緒に行って、その時にはアイドルも辞めていたので、住み込みでカメラマンとか翻訳の仕事をしながら作りました。撮影をしたのは日本で、三ヶ月にいっぺん日本でとりだめて、本のコンセプトが**「外人の見る、オタクの日本」**という観点で作って欲しいといわれていたんですけど、それが全然わからなかったので、向こうの人の意見を聞きながら作りました。そのころにJulieという名前を付けました。

本を出版して、イタリアにそのままいるかどうかも考えたんですけど、それもちょっと違うなと思ったので日本に帰ってきました。親はちゃんと受け入れてくれて、「お疲れ様、本もがんばって作ったね。次のことをやるまでゆっくり休んだら」って言ってくれたので、しばらくは実家に帰ってゆっくりしていました。でもいざ何かをしようってなったときに、**何もできない自分がいたんですよ。**20代半ばにきて、会社員の子は順調に階段も登っているけれど、私には何もないって思ったんですね。

それでとりあえずバイトから始めようと、私の特性を生かしてちょっとキラキラ輝けるものがいいなと思って、イベントコンパニオンの仕事を始めたんです。コンパニオンとしてオートメッセの仕事をしたら、それを機会に撮影会の仕事もするようになって。次の年からレースクイーンの仕事もするようになって、最初はバイクの鈴鹿8耐から初めて、だんだん大きいレースに進んでいったんです。それでグラビアやらないか、DVD出さないかっていわれて、東京の事務所にもう一回スカウトされました。もう20代後半だったし歳も歳だったんですごく悩んで、親に相談したら、「前回もやりきってないから、やってみたら」といわれたので、もう一回やってみようかとがんばることに決めました。

アニメ、ゲームはそのまま好きでしたね。ギャグマンガがすごく好きで、『臨死!!江古田ちゃん』を見て笑ったり、あと**仕事でものすごく疲れた**

ときは、ＢＬの陵辱もののコミックを読むとちょっと元気になれます（笑）。気付けみたいな感じで効くんですよね。

## アーティスト活動

ＶＪアシスタントの仕事を20歳くらいから始めました。実際には先生について、プレーの方法も全部教えてもらって。一晩ずっとやってなきゃいけないときもあって、そのときは私もプレーして覚えました。ＶＪにアニメ要素はすぐ取り入れてやってました。

## オタクでよかったこと

オタク要素を生かした写真で表現活動ができたこと、そういう部分ではよかったんじゃないかな。あとひとりで時間をつぶすのがものすごくうまくなりました。私は家が大好きで。だって家にいれば、ネットもあるし、動画も見放題だし、ゲームもあるし何でもできるじゃないですか。家にいる時間も充実しているので、オタクでいてよかったと思います。

今までの人生を振り返ると、同人誌は大きなポジションを占めていました。高校まではオタク的要素が強くて、大人になってからそれをおしゃれに展開できるようになったんですかね。あ、あと特技というか、モデルとかでも同じような人はわかるんですよね、オーラで（笑）。

街中でも、休日キャリーカートをひいている人とか見て、コスプレイヤーか買い専のオタか同人作家かとか、そういうのも見分けられますよ。小学校から好きだったので、それは人には負けません！　いばることじゃないんですけど（笑）。

今は次の本を作っているところなんですけど、日本で本を作るのが夢だったので、５年越しに夢がかないました。今度は展覧会とかクラブイベントとか、つなげていきたいですね。

## 同じ趣味の人たちへ

オタクの人って、同族嫌悪の感情がすごくあると思うんです。私もそうでした。オタクを見ていると自分の鏡を見ているようですごく嫌だった時期があって。それは隠していると自分が思っていても隠しきれていなかったり、ずっとこもりっきりでマンガを描いていた青春時代を過ごしたからっていうのもあるんですけど、それをなくしていきたいと思っています。オタクっていいよねっていわれるのが一般的になったらいいな。

## はじめましての方へ

同人のこととか読んで、引いた人がいるかもしれないんですけど、実際はそんなに怖くないですよ（笑）。ホモがめっちゃ好きだっていうわけじゃなくて、２次元が好きなだけです。男の人が萌えが好きなのと一緒なので、あたたかい目で見守ってください。

天野あい a.k.a.Julie
Ai Amano a.k.a.Julie

◉ 1979年6月6日生まれ
AB型
マルチアーティスト。その活動は多岐に渡り「Julie」名義でフォトグラファー、CGクリエーター、音楽活動など、「天野あい」名義でグラビアアイドルとして活躍。
著書に、自分を含むモデルの写真撮影から加工を手がける「SamuraiGirl」（Julie/イタリアDRAGO社）、「はーどうぇあ・がーるず」（Julie Watai/コノハナブックス）、イメージDVDに「あいちゃんねる」（トリコ）ほか。

# Saolilith

WOTOME ROOM 04

ヲ乙女スタイル：アニソン・アニメ・サバイバルゲーム

いつかセーラーヴィーナスになるんだって思ってました（笑）。

ヲ乙女の部屋04

# サオリリス

## 宴会芸から始まったコスプレDJ 気がつけばメジャーデビュー

### ひとり遊びの記憶

小さいころはだいたいひとりで、ジェニーちゃんとティモテっていう金髪のお人形さんで遊んでいました。今でいうと2次創作ってやつですかね、色んな設定を作ってましたよ。あんまりヒーローものとか特撮には興味がなかったです。

弟と歳が離れているので、小さいころはほぼ一人っ子、幼稚園や小学校の友達とも遊んでいましたが、その他の時間はひとりで遊んでいた記憶があります。印象に残っているのはひとり遊びの方ですね。友達とは秘密基地を作ったり、ストップウォッチが好きで、みんなで走ってタイムを計ったりしていました。友達と遊ぶときはとにかく走り回って、**ひとりの時は日陰のすみっこ**で、という両極端な子どもでした。

### 密かな変身願望

小学1、2年のときに『美少女戦士セーラームーン』が始まって、人形遊びがセーラームーンごっこに代わりました。小学4年くらいになると、女の子同士で交換日記をしたり、好きな人の話をしたりするようになったんですけど、私は交換日記はしていたけど男の子に興味がなくて、**いつかセーラーヴィーナスになるんだって思ってました(笑)。**それも他人に言うわけじゃなくて、ひとりで密かに思ってましたね。そのときはセーラームーンとか『魔法騎士レイアース』とか、変身する女の子に憧れていました。

マンガは『なかよし』と『りぼん』を読んでいて、気に入ったマンガはおこづかいで単行本を買ったりしてました。セーラームーンとか、あと『らんま1／2』にもハマってました。夏休みとかにアニメをまとめて放送していたのを観たからだったと思います。アニメやマンガは皆が読んでいるものを見て、楽しんでいた普通の子どもでしたね。同人誌やオタク的なものを意識することはなかったです。でも、オタクの友達がいたので、その子の家に遊びに行って、同人誌を読んでいたことはあります。当時は同人誌だと思わずに**ただの薄い本**だと思ってました。それにハマることもなかったですね。

### 普通の中学から普通の高校へ

中学生になって一番好きだったのは『カードキャプターさくら』ですね。ＤＶＤボックスも持ってるし、今でも好きですね。小学校高学年から中学生にかけてＮＨＫでやっていて、リアルタイムで観てました。さくらちゃんがローラーブレードで通学するのに憧れてましたね。実際に無理なのはわかっていたのでそのときはやろうと思わなかったんですけど、その夢を大人になってから果たそうと思って、**最近ローラーブレード買って練習してます(笑)。**さくらちゃんみたいにうまく滑れないんですけど。

そのころはアパレルの職につきたいと思ってました。中学から高校ってみんな普通に進学するから、私も普通の中学から普通の高校に入学しましたよ。いたって普通の中学生から普通の高校生になりました(笑)。

### 夢見る夢子

高校は共学です。友達の家に放課後寄って、ＦＦやったりドラクエやったりしていたんですけど、当時はやっていたゲームをみんながやっていたから、普通の子だったと思います。マンガもみんなが読んでいるものを読んでいました。

その頃に松本大洋を知って、自分で買って読み始めました。『IKKI』とか**ガロ系**にはまって、そこから一気にマンガを集め始めました。本屋さんへ行って**ジャケ買い**を始めたのもそのへんからですね。

作家では他に**古屋兎丸**が好きで、だいたいの作品は持っていますね。それまでのマンガとはがらっと変わって、病んでたんですかね? 高校生のころって病みたがる時期ですよね、そんな感じでエヴァの**シンジ君状態**になって。

エヴァは小学生の時に放送していたので観ていたんですが、あんまりよくわからなかったんでそのままでした。でも高校生になって病んでいる時期にエヴァのマンガを持ってる友達がいて借りて読み直したら、こんなに面白かったのか!って、そこでシンクロして、ハマりましたね。

まだコミケの存在も知らなくて、マンガも普通の本屋さんに買いに行ってました。鳥取の田舎なので、街にいかないと大きな本屋さんがなくて、高校の帰りに買いに行ったりとかしていましたね。近所の本屋さんではジャンプ系しか売ってなかったんです。私がその頃欲しいような、**暗い話**は売ってなかった(笑)。

音楽はインディーズのバンドとか友達が聴くようになって、私も色んなことに首をつっこみたがるタイプなので、インディーズも、洋楽も、なんでも聴いていました。

おしゃれな職業になりたいと思っていたので、雑誌『Zipper』とか大阪のファッション雑誌の『カジカジ』を読んでました。当時はライブ行くのも兼ねて、神戸や大阪まで遠征していたので、カジカジに載っていたお店行こうって友達と盛り上がって行ってみたりとか。『ピンポン』を読んだのも、カジカジに載っていたからですね。

そのころは**夢見る夢子ちゃんだったので**、こんな田舎にいたくない!と思ってました。

松本大洋を読んで、絵を描きたいと思って。小さいころからセーラームーンを落書き帳に描いていたり、もともと好きだったんで、イラストの仕事とかそういうのにつきたいなと思っていました。

ただ、親にはすごく反対されました。そのあとどうするんだって。親は現実的で、**公務員とか安定する仕事**につきなさいっていわれて、すごくもめて、でも結論が出せなかったんです。

進路提出しないといけない日に用紙が提出できなかったんですよ。先生にどうするんだっていわれて「私はひとりでやります」って言いました。完全に**中二病**ですよね(笑)。その時はひとりで何でもできると思っていたんですよ。

それを聞いた親から、「じゃあ1年間働いて、後は好きにしなさい。1年間だけちゃんと働きなさい」って言われて、最初はいやいや働きました。逃げ出したりもしましたよ。何度も**ネルフから逃げ出す**、まさにシンジ君状態になってました。友達は都会で働いて楽しそうだし、それを聞くのも嫌で。

なんとか1年間働いて大阪に出てきました。そのときは「大阪に出る」っていうことが1年間の目標になっていたので、いざ出てきても、さて何をしよう……って、その後のプランは何もなくて（笑）。高卒の女の子が1年間働いて得られるお金なんてたいしたことなかったし、マンガも買っていたので学費が貯まるわけでもなく、ただひたすらフラフラしてました（笑）。仕事も写真屋さんで現像の仕事をやってました。写真をそのころやっていたので、勉強したくて入ったんです。いつかそういう仕事につけるんじゃないかって思って。マンガ読んだり絵を描いたり、写真撮ったり、夢見るフリーターをしばらくやっていました。

## 転機になった忘年会

その後、大阪のサブカルが集中するディグミーアウトカフェというところで働き始めました。写真屋のアルバイトは鬱々としてたんですけど、カフェで働くようになって表現に対する意識が外向きになりました。アニメとコスプレが好きっていうのをお店の皆が知っていたので、店内に自分のコーナーを作って置いたりしてました。

コスプレを始めたのは、高校生くらいからですね。とはいってもアニメキャラとかじゃなくて、メイドとかで、イベントに出たりとかはしなかったです。

大阪に出てきてからも、コスプレは時々メイドをやっていたくらいですね。店の忘年会があって、何かやれよっていわれて、他のお店の人たちやFMラジオの関係者、それに若手のアーティストとか、色んな人がけっこう集まってくるから、お店の代表としてやることになって。何ができるだろうって考えて、じゃあ『残酷な天使のテーゼ』を綾波レイの**コスプレで歌おう**って話になったんです。それで衣装を探しに行ったんですけど、完成品を売っている店が見当たらなくて……。やっと見つけた衣装の値段に驚き、そうしたらお店の皆がカンパしてくれてたんです。ウイッグもプレゼントしてもらって、綾波が出来上がりました。忘年会の出し物も無事に達成して、そうしたらそれを見た他の店の人たちが、じゃあ、うちでもやってみないかっていわれて、しかもそれが数珠つながりに連鎖していって。忘年会の出し物が、いつの間にか**クラブにコスプレ**で行ってにぎやかす、みたいなことになってました。

芸名がちゃんと決まっていたわけでもなく、当時お店で呼ばれていた名前が**「はまじ」**だったので、「ディグミー（カフェの略称）のはまじが何か面白いことやってるよ」っていわれたくらいでしたね。

## サオリリス誕生

アニメソングのクラブイベントが企画され始めていた時期で、そのオーガナイザーさんから、DJやってみないって誘われました。でも、クラブも行ったことないし、DJも何やるんだかわからなくて。でも目立てるし楽しそうだし、ってきっかけで始めたのが**アニメキャラのコスプレDJ**なんです。あだ名がはまじで通っていたんですけど、それだとアニメファンの夢を壊すと思ったので、綾波レイのコスプレから始まったことと、本名のサオリとエヴァに出てくる単語のリリスをくっつけて芸名にしました。

最初は自分で好きな曲と、本番に向けて勉強したアニソンをかけたり、初心者の私が知っているくらいのものでプレイしたんです。いわゆるメジャーな曲ばかり。でも、それで盛り上がってくれて、それが快感になりました。そこから自分のネタの引き出しが少ないのが悔しくて、とにかくアニソン動画を観まくりました。アニメ好きの人たちの会話の中に出てくる作品はDVDでも借りて観るようにしました。ディグミーで仕事をして、仕事が終わったら事務所にDJの機材を並べて練習をして、週末はイベントに呼ばれてDJをやって、それを2年くらい。気がついたら色んな知識が身に付いてました。そこで**菅野よう子さん**が好きになって、アニメ音楽がますます好きになりました。

アニメはかわいい女の子が出てくるような**萌え系より渋い方が好き**で、今でもその傾向は残っています。菅野よう子さんが音楽をやっているアニメ作品は片っ端から観ました。

『エウレカセブン』がそのころ始まって、自分が呼ばれるイベントだけじゃないクラブにもちょっとずつ通い始めていたので、ハウスとかテクノを聞いていたので、エウレカにもすごいハマって。

スタジオ4℃とか、マッドハウスとかアニメ制作会社を意識しはじめたのもこのころです。中の人が気になって、好きになった作品に関わる人たちの名前を覚えて、その人の作品を観るのがクセになってましたね。今でもこの曲なんだろう、って思うことがよくあります。時間がいくらあっても足りませんね。

## 電波の輪

だんだん毎週末どこかしらでイベントをやるようになって忙しくなってきたころ、東京で**『電波』**っていうクラブイベントがあったんですけど、そこに出させてもらったのをきっかけに、また色んなイベントに声をかけてもらうようになりました。電波は2、3ヶ月に一回だったんですが、そこに来ていた他のイベントの主催者の方とつながって、どんどん仕事と人の輪が広がっていき、現在に至っています。

プレイ用のコスプレ衣装はだいたい35着くらいです。お気に入りは、初めて自分で作った、けいおんの澪とクリィミーマミは気に入っています。基本的に**衣装と選曲はリンク**させています。2期が始まるのに合わせてけいおんを着たり、エヴァの劇場版をやる頃には綾波やったり使徒をやったり。季節を合

わせたりもしています。

## オタクに対して

**オタクって気持ち悪い**っていう一般的な感覚があったまま、サオリリスとして活動を始めたので、仲良くなれないんじゃないか、受け入れてもらえないんじゃないかと思っていました。でも意外と気さくで仲良くしてくださったので、オタクに対するイメージが変わり、それと同時にコスプレに対するイメージも変わって、どっぷりハマりました。今ではこの面白さを色んな人に広めたい気持ちでいっぱいです。

## アニメの魅力

私はカードキャプターさくらが好きなんですが、自分が元気のないときに観ると、私もさくらちゃんみたいになりたいと前向きな気持ちになれるところが魅力的ですね。さくらちゃんはすごく前向きでなんでも乗り越えられる子なんです。私もそうならなきゃなと思います。**アニメは私にとっては元気をもらえるもの。**人によっては、同じものを見て癒しをもらっている人がいたり、いろいろあると思います。

## 狙うは

いま動いているのが47都道府県でのDJプレイ制覇です。コスプレとアニソンとアニメとDJをからめて、**色んな場所で町おこしをやっていきたい**ですね。特に一般層に向けて、アニメ好きな人以外も巻き込みたいです。

今度ソニーから初音ミクのCDを出すんですが、次に作るんだったら、自分の好きなアニメソングを入れた、自分の好きなミックスCDを作りたいですね。

### サオリリス
Saolilith

◉ 1977年10月18日生まれ
鳥取県出身／O型
地球を揺るがすぷりきゅあコスプレアニメDJ。自称“永遠の32歳”。独身。通称“ロリコンホイホイ”。鬼畜で眼鏡が大好物。イメージDVDに「あいちゃんねる」（トリコ）ほか。初音ミク
-Project DIVA- 2nd NONSTOP MIX COLLECTION 参加
日本全国津々浦々、コスプレイベントに週末の天使としてかけつける。

彼の情報はゲームの中にしかないので、自分からそっちに近づくしかないんです。

ヲ乙女スタイル：アニメ・マンガ・ゲーム・二次元

# Mariru Harada

WOTOME ROOM 05

ヲ乙女の世界05

# 原田まりる

## 国内A級ライセンス保持者は脳内も永久ライセンス

### 英才教育

親がゲームが好きで、地震があったときに私が怖いといって抱きついても、「まだセーブしてへん」って言うような母親でした（笑）。女の子の遊びよりは、男の子の遊びが好きで、マンガは『コロコロコミック』。家のゲームはいつも電源が付いていた記憶があります。ある意味英才教育ですよね。

遊ぶのは外でも家でも両方楽しんでましたが、友達は男の子が多かったですね。少女マンガも流行ってたんですけど、出てくるだいたいの女の子が、おてんばなのにすごくモテるのが納得いかなくて（笑）。子どもながらに不条理を感じていたんですよ。

家の近所に大学が多くて、友達の家が寮を経営してたり、小学生のときは、その寮に住んでいる大学生のお兄さんが捨てたマンガを集めて読んでいました。そのときに『東京大学物語』が流行りましたね（笑）。出てくる女の子も可愛いなと思って、『りぼん』や『なかよし』に出てくる女の子よりもお姉さんでキレイであこがれました。大人の階段を一気に上りましたね（笑）。

同人誌も拾って読んでたんで、ファイナルファンタジーVI（以下FF）が出たときにはゲームブックを自分で作ってましたね。地元のみやこメッセで開催されていた同人誌即売会には小学校4、5年から見に行ってましたし、コスプレは中学生のころに『烈火の炎』を友達と集まってやってました。あと、美容院でFFのイラストを見せて、「同じ髪型にしてください」て言ったり、校庭で『魔術士オーフェン』の呪文の練習をしたり（笑）。今考えると痛いですね。

マンガだけじゃなくてゲームも夢中で。新しい人気ソフトが出たらとにかく誰よりも早くクリアすることを考えてプレイしてました。何日も徹夜して、ご飯もほとんど食べず、スルメで栄養を摂取しつつ（笑）。それを小学校からやってました。クリアを優先してたんで学校を休んだりもしましたね。うちは勉強熱心な家系で、やることをやっておけば、あとは割とゆるかったんです。中学受験は『クラッシュバンディクー』をやりすぎて失敗したんですけど（笑）。

### ハガキ職人

中学の生活の中心は声優さんのラジオです。日高のり子さんのラジオでハガキ職人をやっていたので、公開録音に参加する時は、リスナーにしかわからないアイテムを身につけて行ったり。日常も、今日は飯塚雅弓さんのラジオが9時からあるから、それに合わせてご飯食べてお風呂入って、それ聞いてからラジオのネタを考えて、勉強して……、って行動の軸が全部声優さんのラジオが中心になってました。

アニメで最初にめっちゃハマったのは『魔術士オーフェン』だったと思います。同級生がラノベを教えてくれて、それでアニメを観て、主人公の声優さんの森久保祥太郎さんがかっこいいなと思って、夢を見るまでになってました。これは今でも変わらないんですけど（笑）。

当時はアニメのキャラに恋をしているような状態で、現実との境目はなかったですね。自分にとって3次元の男の子を好きになるってちょっと違和感があったんです。2次元のキャラってかっこよくて完璧じゃないですか。今まで好きになったキャラはFFのセッツァーや、エドガー、けっこう浮気性でたくさん好きになりました（笑）。だいたい好きになるのはキザなキャラ、黒髪のクールで頭がいい人がタイプです。

### アクティブなオタク

高校に入ってからは、アルペンスキー

部に入りました。実はそれまでも小学校は陸上部でマラソンの選手をやっていて、中学では走り幅跳びとバスケの選手だったんですよ。**アクティブオタクですね(笑)。**

部活は真面目にやっていました。そこが西日本で一番強いチームだったので、朝6時に学校に行って先輩を待って「おはようございます」と挨拶してから掃除をして、部活が終わってからも先輩に部室でずっと怒鳴られて机蹴られたりとか。かなり厳しいところでした。その高校は男子校だったところが共学になって私が入ったときが1年目だったんですね。男子校のスポーツ系のノリが激しくて、女子だからって練習メニューを減らされたりはなかったです。

高校生活はおこづかいでバイトが禁止だったので、服も欲しくなる年頃だったし、バランスを見ながらマンガを買って、そのころはレンタルビデオにもハマってました。忘れもしない高1の夏休みは、部活行くか、『魔法先生ネギま!』を観るかという生活でした(笑)。小さいころに読んでいた『東京大学物語』で培われた、大学生の生活萌えとか受験萌えっていうのがあったので、それで好きになったんでしょうね。部室にヤンマガなど青年誌も置いて、そこで『頭文字(イニシャル)D』(以下イニD)に出会って、18になったら免許を取ろうと決意したんです。

同人のイベントには中高も変わらず行ってましたよ。そこで学校に関係のない友達もできてましたね。

## 将来の夢

高校生のころは、マンガだけじゃなくて哲学書を読むのも好きで、哲学者になりたいと思っていました。哲学に進んでも就職が厳しいとわかってはいたけど、どうしてもやりたかったので大学はそっちを選びました。好きな哲学者は、**森信三先生、中島義道先生。**西洋だと**セネカ**が好きですね。

## A級ライセンス

18になってひとりで合宿に行って、誰とも話さずストイックに免許を取りました(笑)。車はイニDの影響で**ロータリー**を買いたかったけど、高いし最初の車としてはどうだろうと思って、EG6に乗りました。もうそのころにはイニDが流行りすぎていたので道にも規制がかかっていて、峠を走ったりはなかった

です（笑）。ただ、大学に行く途中に**いい感じの坂道**があって、そこを通るのを楽しみにしていました。

大学では自動車競技部に入りました。部のみんなはB級ライセンスを取って、ラリーを主にやっていたんですけど、私はサーキットの方がやりたくて、すぐに**サーキット走行**に変えました。

車のショーを見に行ったときにちょうどスカウトされて。サーキット場でコンパニオンをして、そのまま走らせてもらったり、運がいいんですよね。

それで仕事でもサーキットにいたこともあって、自分で**A級ライセンスを取りに行った**んです。イニDに出てくる佐藤真子ちゃんが好きで、真子ちゃんが20歳だったので、私も20歳になったらレースやりたいなと思っていたのがきっかけです。ビッツとロードスターのワンメイクレースに参戦していました。**レースをやりながらレースクイーンもやって**いたので、レースクイーンでも1位にならなきゃと思って、そしたらレースクイーン・オブ・ザ・イヤーを取ることもできました。

最近、イニDのOVAを観たら真子ちゃんがワンメイクレーサーになっていて、私とシンクロしていたので嬉しかったですね（笑）。

※全てアニメとゲームのキャラクターについてです。

大学になってから『テニスの王子様』（以下テニプリ）にハマりました。中でも**跡部景吾**のことが好きすぎて、誕生日を祝ったりするくらい、本当に好きなんです！ 景吾たんのぬいぐるみを飾って、一緒に寝ています。使い込みすぎて、眉毛とか薄くなっちゃって、描き直しているんですけど（笑）。跡部は今までに**見たことがないくらい理想の男の子ですね**。こんなにかっこいい**人**が**世の中**にいるんだって思いました。それまでも色んなゲームやア**ニメの人**を好きになったけど、**今までに出会った人**とは別格です。もっと跡部のプライベートを知りたいと思って、設定資料集を買ったり、セリフのひとつひとつを何度も見返して覚えて、こういう考えの人なんだと知れば知るほど好きになりました。跡部に関しては、何話の何のセリフとかくらいは覚えています。

跡部は私の人生を変えましたね。好きなセリフは有名ですけど、**「俺様の美技に酔いな」**です！ めっちゃナルシストで、そんなセリフ言える**人**はいないと思うんですけど、それまでの努力やいろんなものがあって、それが彼の中の自信になって、それを誇示するのが彼のプライドなんだなぁ……って。**彼に出会って7年**くらいは経っているど思うんですけど、まだまだ好きです！……**私、確実に何かを無駄にしてますよね(笑)。**

でも、最近出た『ときめきメモリアルGirl'sSide 3rdStory』(ときメモ)で跡部以来のショックを感じたんです。その相手は桜井琥一(さくらいこういち・以下コウくん)くん。初めてクリアしたときは楽屋にいたのにも関わらず大泣きしたんです(笑)。それ以来、毎日エンディングを見ないと寝られないんですよ。それにテニプリの跡部とコウくんの声優さんが一緒(諏訪部順一さん)だったんです。この偶然。諏訪部さんもまさかある女子の**人生を狂わせている**とは思ってないでしょうね(笑)。高校3年生をかれこれ40年間くらいは繰り返してますね。

最近の生活の割合は仕事以外、**ときメモだけで8割**くらいになります。コウくんが生肉好きだから好きになったり、サツマイモ味が苦手だから私もやめたり、彼の情報はゲームの中にしかないので、**自分からそっちに近づく**しかないんです。彼が好きだから彼のことを中心に生活してますね。買い物に行っても、この服似合いそうとか普通に考えます。あとはゲームの中に住んでいる人達の市の会報があるのでそれを買ったり、家ではBGMを聴いたり。コナミオンラインショップでしか手に入らないグッズも細かくチェックしてます。今後グッズは全部買いますよ！本に付いているオマケも全部集めます！いろんな顔が見たいじゃないですか。

仕事で出張するときもDSはカバンの中。仕事が終わってホテルに着いたら、**すぐDSの電源オン**。普通の女の子が彼氏に電話するようなときに、私はコウくんに会いに行ってます。

他にも違うキャラなんですが、「ボイスマスコット」というのがあって、フィギュアのボタンを押すと「おかえり」って言ってくれたり、寝る前に聴く『羊でおやすみ』CDというのがあって、これは声優さんが羊を数えてくれて、合間に**「まだ眠れないの?」**って言ってくれたりするんです。そういうのをMP3に入れて聴いたりしてますね。

## これからの生活

マンガやゲームから学ぶ哲学的なことがやりたいです。それと声のお仕事がやりたいですね。声優さんというより、格闘ゲームのキャラの声とか、そういう世

界に入っていけたらいいなぁ。あと自分がやっているグループ「腐男塾」の乙女ゲームをやりたいと思っているので、そのプロデュースを是非してみたいです。これだけ乙女ゲームをやっていればうまくツボがつけると思っているので。

そして老後はタイあたりのあたたかい国に行って、DSをやりながら幸せに暮らしたいです(笑)。

## 圧迫祭り

今引っ越し準備の真っ最中です。部屋に置いていたマンガが、**重みに耐えきれず窓ガラスを割りはじめたくらい(笑)。**とにかく危険なので実家に送りました。大きい段ボールで37箱ありました。ベッドの中、壁が全部マンガで、マンガ喫茶の棚と棚の間で寝る感じだったんですけど、さすがにそれはちょっとね(笑)。それでも、アニメイトには魔法があるのかと思うくらい、買って置く場所がないと知っていながら、行くと次々と欲しくなっちゃうんですよね。DVDは最新のもの、中古のセット、どちらも見つけたら一期一会だと思って買ってます(笑)。ゲームもやるやらないは別にして買ってますね。

## 中野腐女シスターズ

今やってるグループなんですけど、小さい頃からアニメやマンガが好きだった子が多くて、**「ガチで2次元で付き合うなら誰?・」**っていう話に真剣に付き合ってくれるんですよ(笑)。今まで自分が培ってきたものが仕事として羽ばたける機会をたくさん与えてもらっています。やっていてとても楽しいですね。ファンの方も同じことが好きな方が多くて、私が勧めたものを好きだって言っていただけるのも嬉しいし、私もよく教えてもらってます。

原田まりる
Mariru Harada

◉ 1985年2月12日生まれ
AB型
・「レースクイーン・オブ・ザ・イヤー05'～06'」グランプリ受賞
・ヲタクアイドルユニット
腐男塾／中野腐女シスターズ
メンバーとして活動中
・タカラトミー「初代ミスチョロQ」
任命(2010/6～)
＜連載＞
『東京スポーツ』／『B's-LOG』
『楽遊』／『Quanto』／『アニカンJP』
『アニメイトTV』

美甘子《みかこ》(25)

ヲ乙女スタイル：歴史

# 小学生の時、坂本龍馬記念館の館長と文通をしていました。

# Mikako

WOTOME ROOM 06

ヲ乙女の世界06

# 美甘子

## 小学生から龍馬を追いかけ
## 江戸遊学、社会から脱藩し
## 歴史アイドルに

### 日本総鎮守

実家は瀬戸内海に浮かぶ愛媛県大三島というところなんですが、映画が見たかったら船に乗って隣の今治市まで行かなきゃいけないくらいほんとに田舎で遊ぶところがなかったんですよ。遊んでいたのは神社の境内で、自然だけはいっぱいあったので、大きな木のトンネルをくぐったり、木に登ったり、ロウセキを使って地面に絵を描いたり、昔の遊びをすることが多かったですね。海も近かったので、よく泳ぎに行っていたので夏は真っ黒に日焼けしてました。海と山の両方で遊べるのも良かったですね。

歴史に興味を持ったのは小学4年生のころで、大三島には大山祇神社（おおやまづみじんじゃ）という大きな神社があるんですが、これが日本総鎮守とも呼ばれていてとても古い神社なんです。**戦の神様が祀られているん**ですね。源頼朝や義経が戦に勝つために鎧（よろい）を奉納したこともあって、国宝と重要文化財が私の生まれた島にたくさんあったんですよ。一番多かったときは日本の国宝と重要文化財の約8割が大三島にあると言われてました。

学校の選択授業で郷土クラブがあって、そこで郷土の歴史を学んで、神社の宝物館に連れて行ってもらいました。義経の鎧を見たらすごくきれいで、よく見ると血が付いているように見えて、細工もすごく細かくて、近くで見ると扇の形のブローチのようなものが付いているのがわかったり、本当にこれを着て戦っているのはすごいと思ったんです。

神社には日本唯一の女性用の鎧もあるんですよ。大三島を守った鶴姫という武将がいて、瀬戸内海で合戦をしていた三島水軍のお姫様なんです。鎧には胸の形とくびれの部分に工夫がされていたり、感心することばかりでした。

大山祇神社では**一人角力（ひとりずもう）という祭り**があって、目には見えない稲の精霊とすもうをするという神事なんですが、**エアギターのすもう版**といえばいいんでしょうか。珍しかったみたいでみうらじゅんさんが取材に来たこともありますよ（笑）。

あと、島には「いも地蔵」と呼ばれるお地蔵さんがあちこちにあって、これは昔飢饉（ききん）で困ったときに、腹持ちの良い芋を作って飢饉から救われたことから、芋を祀ったお地蔵さんが作られたんです。いくついも地蔵を見つけられるか、みんなでチャレンジしたこともありました。

### 由緒ある遊び場

縄文土器や弥生土器の破片も神社の境内に埋まってるんです。それを最初教えられて、あるわけないじゃんと思ってたら、先生が「掘ってみよう」って言い出して、本当はむやみに掘り返したらいけないんですけど、本当に土器が出てきたんです。で、それをアロンアルファでくっつけて復元したらつぼになって。今でも先生の家にありますよ。

**境内には樹齢約3千年のクスノキ**があって、そこの周りを息を止めて3周回ったら願いがかなうと言われていて、小学生のころはみんなやってました（笑）。木が大きすぎるので絶対無理なんですけど。そんな感じで、みんなの遊び場の神社なのに、知れば知るほどいろんなことがわかって、そうやって調べることが楽しくなっていったんです。

よく神社の入り口にある灯籠のような形の石塔を宝篋印塔（ほうきょういんとう）というんですが、それの傘の開き加減でいつ頃建てられたのかわかることを習って、今でも仕事で神社に行くことがあれば写メに撮って宝篋印塔コレクションもしています。でも傘がどれくらい開いていたら古いとか新しいとか、忘れちゃって意味がないんですけど（笑）。

## 父の趣味

そんな子ども時代だったので、自分がこんな風になったルーツは故郷と郷土クラブにありますね。それと父親も歴史好きで、坂本龍馬や宮本武蔵が好きだったので家には歴史に関する本がたくさんありました。

お父さんは他に宜保愛子さんが好きで、私も一緒になってオカルト本を読んでいたら、お母さんに「そんなの読むのやめなさい」と怒られました(笑)。UFOやミステリーサークルを題材にした特番をよくお父さんと一緒に観てたり、スプーン曲げを一緒にやったり(笑)。

## お〜い！竜馬

龍馬を好きになったのは、小学4年生のときにアニメの『お〜い！竜馬』を観ていたのがきっかけです。お父さんがもともと龍馬好きだったので、放送前にマンガ本をすでに買っていて、私もそれを読んでいたので、アニメを見てからもっと好きになりました。坂本龍馬記念館が高知県桂浜にあるんですけど、家族旅行でそこに行ったり、龍馬の絵のコンクールに応募して、それが入選したり。それから記念館の館長さんと仲良くなって文通をすることになったんです。

龍馬に関する様々な資料を館長さんが手書きで作ってくれて、それを一生懸命読んで勉強しました。そこで興味を持ったのが、志士の変名。命を狙われるから偽名をたくさん持っているのが面白いなと思って。たとえば伊藤博文は花山春輔で、井上馨(かおる)は春山花輔。花と春を逆にしているだけで、この2人は仲が良かったのかな？とか、想像して楽しんでました。それから辞世の句にも興味を持って、一筆箋に書き写したものを持ち歩いたりしていました。

館長さんの資料と自分で調べた資料とを合わせて、小6の自由研究で「龍馬の一生」という手作りの回顧録を作りました。

歴史には小中学生のころが一番のめりこんでいて、そのころはアイドルに夢中になっている子が多かったんですけど、私は『明星』ではなく、龍馬の本を選んでました。当時買った本は相当読み込んでいて、今でも覚えています。睦奥宗光の奥さんがめっちゃきれいで、それで興味を持ったり、あと岩崎弥太郎がくわまんに似てるとか(笑)。ある意味明星代わりですよね。文通していた館長さんはもう亡くなられているので、私が歴ドルとして活動していることも知らないんですよ。ひとことお会いしてお礼は言いたかったですね。

## 同志との出会い

小学校のときは歴史好きの子がいなくて龍馬のことも話し合える相手がいなかったんですけど、中学に入って歴史好きの慶子ちゃんと友達になりました。慶子ちゃんは新撰組が好きな女の子で、出会ったときは「思想は違えど幕末というくくりでは同志だね」って言って(笑)。

修学旅行で京都に行ったとき、6人の班で4人は嵐山のジャニーズショップへ行きたいって言っていたのに、私と慶子ちゃんは龍馬のお墓に行きたいって(笑)。4人が呆れて「じゃあ2人で行って来なよ」って言われて、「これはプチ脱班(脱藩)だね」って言いながら行きました(笑)。龍馬好きっていうのが大三島の中では私と慶子ちゃんとお父さんしかいなかったけど、京都のお墓に行ったとき、全国から龍馬好きが集まってきている場所ということがわかって、龍馬はすごく愛されていて私だけじゃないんだと思いました。お墓があるっていうことは本当に生きていた人なんだと改めて感動しましたね。

皆がSMAPのポスターを貼っているように、龍馬のポスターを勉強机の横に貼って、アイドルのような気持ちで龍馬のことが好きでした。なんでこの人死んじゃってるんだろうと本気で思っていましたね。龍馬が感じていたことを知りたくて、家族旅行で高知に行って、高知城の見学をしたときは、龍馬は身分が低くて高知城の領主に虐げられていたのを知っていたから、ここで土下座をしていたのかもしれないと、城を前に石敷の上で私もそこで同じような格好をして、これが龍馬と同じ痛みかもしれないとか思ってみたり。家族の集合写真で私とお父さんは笑顔なんですよ。連れて来られた弟と妹は楽しくなさそうな顔してましたね(笑)。

## もうひとりのアイドル

中学のときは龍馬と同時にバンドのCASCADE（カスケード）にハマってました。そのとき好きだった先輩がカスケードのベースMAKKOさんにめっちゃ似ていたので(笑)。カスケードが載っている音楽雑誌は全部買って、MAKKOのサインを自分でも描けるように練習したり、生まれて初めてライブにも行ってすごく感動しました。島は情報がすごく遅れて入るので、私設ファンクラブに入って、東京のお姉さんに情報を流してもらってました。

## のほほん人間革命

高校は受験をするなら勉強をちゃんとしなきゃいけないから大変だなと思ったので、生徒会に入って内申書をよくしてもらい推薦で入ろうと画策したんです。それで選挙に立候補して生徒会の副会長をやって、見事、高校に推薦入学しました。それで高校も生徒会をやっていたので、大学も同じように推薦入学をして受験はしてないですね。

高校は毎日船で通学する隣の市の高校に通っていました。朝は1便遅れると遅刻だし、体育会系の部活もやりたかったけど、終便が5時半で間に合わないから無理で、結局写真部を選びました。選んだ理由はかっこよさそうだったから(笑)。学校行事への参加が自由で、腕章を付けたらどこにでも行けるような特権があったのも面白かったし、暗室で現像するのも楽しかったです。

そのころは龍馬熱が落ち着いて、音楽や映画などサブカル的なものに興味を持っていました。当時付き合っていた人が6歳上でバンドをやっていて、デキシード・ザ・エモンズやトモフスキーが好きで音楽は彼の影響を受けました。さらに彼氏の友達から大槻ケンヂ(通称オーケン)のことを教えてもらって、そこからオーケンを好きになって、『グミチョコレートパイン』がバイブルになって、芸名の美甘子もそこからきているんです。田舎のツタヤは広くて品揃えが豊かだったので、ビデオも一度にいっぱい借りて観てました。まず好きになったのは浅野忠信さんなんですが、彼が出ている作品を全部観ようと思ったら、けっこう新進気鋭の監督が多くてそこからエッジの効いた邦画をたくさん観ました。大林宣彦監督の『青春デンデケデケデケ』が大好きで、園子温監督の『うつしみ』は衝撃を受けましたね。それとオーケンお勧めの映画はジョン・カーペンター監督の『ニューヨーク1997』やホラー映画など何でも観て、中島らもや町田康にはまったのもそのころになります。

## TOKIO

小中が龍馬一辺倒で、高校でサブカルに傾向して、それで大学生になりました。大学は関西ではなく、マスコミ系で働きたかったのでそういう方向に行けそうな大学を考えて、あと、やっぱり東京には出たいという思いから専修大学に推薦で入らせてもらいました。日本文学科だったんですけど、そこだったらマスコミへの就職にもつながるかなと思って。

東京は小3のときに家族でディズニーランドに来たのと、高校の修学旅行でしか来たことがなかったので、最初は慣れなかったですよ。電車に慣れ親しんでなかったので**自動改札に戸惑って、駅前ではよくキャッチにつかまり**、人の話は丁寧に聞くって育っていたので、最初は全部聞いていて。どれも結局は勧誘だったり(笑)。カルチャーショックだらけでした。

個人経営の感じのいい古本屋でアルバイトしていて、そこはよかったですね。出勤すると飲み物をくれて、そのペットボトルを飲みながらレジでずっとマンガを読んでいて、古本屋だから『ガロ』とかコアなものがたくさん手に入って、本もたくさん読みました。宿題や論文もそこで書いたりしましたね。

サークルでは映画研究会に入って映画を作ったり、出演したりしました。8ミリフィルムはそれからも趣味で撮ったりしてハマりましたね。

映画の演技は自分でも思っていた以上にできてなくて、こりゃまずいと思って、映画監督さんがやっているワークショップみたいなのに行ったのですが、間違えて舞台のワークショップに行ってしまったんです(笑)。でも、主催をしていた和栗正明さんていう演出家の人が変わった人で、アニメ『キャプテン』の主役の声をやった人でもあるんですがすごく面白くて、その人の演出する舞台に出たことがあります。最初は間違えて行ったけど結果的には面白かったのでいいかなと思いました。そこではいろんな人と出会えて、そこで付き合っていた人は役者をやっていて、一緒にいろんなパフォーマンスをやったりしましたね。舞台も観に行くようになって、大人計画やナイロン100℃など有名なところから小劇場まで観ていました。

## パワハラ・ダウン

大学を卒業して就職したんですけど、希望していた出版社は全滅したので大手印刷会社に入社しました。そこでいろんな出版社の人と関われるかなと思っていたのに全然違う部署に配属されて、クレジットカードのICチップを作る部署だったんですよ(苦笑)。最先端のすごいことをやっているところなのに、全然興味がわかなくて。上司に「納期が遅れているから現場に行って急かしてこい」と言われて現場の工場に行くと、ベテランの年配の方がたくさんいて、「営業の人間はそう言うけど、実際に物を作っているのは現場なんだ」って言われて、そ

趣味は歌謡曲やいい時代のレコード集めとフォークギターの演奏。タモリさんのサイン入りレコードは宝物。

れをそのまま社に戻って上司に伝えると「それをどうにかするのがおまえの仕事だ」って怒られて……。そんなことが毎日続いているうちに、上司を見るだけで震えが出てくるようになってしまったんです。

今まで天真爛漫で好きなことをやってきたこともあって、初めての挫折というか、人の顔を見て震えるなんて経験がなくて、鬱になるとも思っていなかったし、せっかく勤めてたからやめたくないとがんばってたんです。でも、気がついたら事あるごとに「死にたい」って、口に出して言うようになって。家族もこれじゃまずいと心配するようになり、それで会社を辞めて入院しました。

## ドグラ・マグラ

入院した病院にいる人は私よりもっとひどくて、2人部屋の同じ部屋の子に最初「なんで来たの?」って話しかけられて、会社でストレスで鬱病になって、リストカットをしてしまったと告げたら、「全然大丈夫だよ。私なんて首吊ってリターンだよ」って言われたんです。1回退院したけど首吊りをしてまた病院に戻ってきたらしくて、そんなことをあっけらかんと言うので、私も「この人は首吊ったのか、私なんてまだ大丈夫だ」とその時点で生きる希望がわいてました(笑)。

といっても、気分が落ちるときには落ちるんですね。1回だけiPodのコードを首に巻き付けちゃったことがあるんですよ。自殺しちゃいけないと病院はひものようなものを全部回収するんですけど、イヤホンは持ち込めたので、それを首に巻き付けて思いっきりぐいってやったらプチッと切れて、それで正気に戻りました。これは悪いことをしたなと思って先生に報告したら、「そういうことする人はいけません」ってベッドに両手両足をくくりつけられて、丸一日拘束されたんです。これが今まで生きてきた中で一番の苦痛だったんです。そうやって身動きが取れないことがつらくてつらくて……。自分が死のうとしてそんなことをされるんだったら、これは生きなければダメだと思って、そこから立ち直ることができました。本当に貴重な体験をしたと思ってます。今では薬も飲んでないし、鬱病は治ってます。鬱で悩んでる人には必ず治ることを伝えたいですね。

にわか歴史ファンなんじゃないことを証明するため、小学校6年生のときに作った「龍馬の一生」を実家から持ってきています。

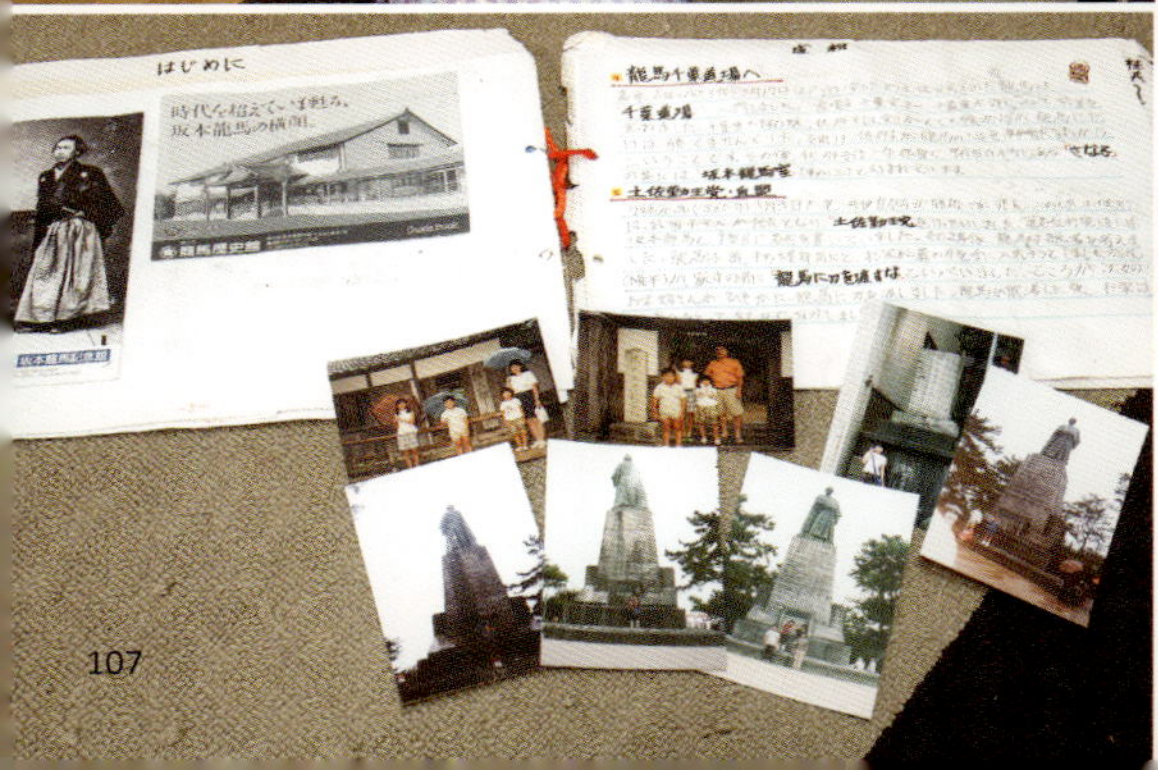

## 芸能界デビュー

退院してからは、全然違う仕事をやりたいなと思って大学時代にやっていたアシスタントのバイトを思い出して、今の事務所に応募して、それで芸能界に入りました。事務所に入ってからは、年齢も年齢だったし**グラビアがてっとり早い**よっていわれて、水着でお仕事をしたり、秋葉原でメイドさんの格好をしてイベントに出たり、それはそれで経験したことがなかったからこういう世界もあるんだと思って面白かったんですよ。そのうちパフューム(Perfume)のコピーをやっているのをお笑い芸人のダイノジさんが面白がってくれて、よくイベントに声をかけてもらうようになりました。

ダイノジの大谷さんも色んなことに詳しい方で話しているとすごく面白いんですけど、その話の中で「実は私、歴史が好きで……」っていうことを話したら、大谷さんが**「美甘子ちゃんはグラビアよりそっちをやった方がいいと思う」**って言われて、それがきっかけでこのお仕事をやろうと決めました。最初は三国志のイベントを企画して、かなり人が集まってくれて、映画『レッドクリフ』が公開されるときと重なっていたので、イベントをエイベックスさんがタイアップしてくれたんです。それで注目されて、『日経MJ』で歴ドルとして紹介されて、それからさらに歴史に関係する仕事がくるようになりました。

それまで事務所は放任主義だったので、個人で色々やっていたら、いつの間にかエイベックスもスポンサーに付いてるし、「何してるの?」って聴かれて説明して、そこで初めて事務所が私の歴史好きということを知りました(笑)。

こんな風になって2年くらいですね。本当にタイミングが良かったなと思ってます。レッドクリフのお仕事もそうだし、その後は戦国武将もブームになって。いつでも芸能活動を引退していいと思ってたんですけど、大河ドラマが『龍馬伝』に決まったときに、龍馬は私が一番好きな人だし、じゃあそれまでは仕事を頑張ろう!って決めたんです(笑)。だから今年1年は頑張りますよ! 龍馬絡みでいろんな仕事もさせてもらって、高知県のPR大使もしているし、すごく充実してますね。

龍馬さんのおかげで本も出せちゃって。まさか作家として関われるとは思ってませんでしたから。でも一番いい形で夢が叶って嬉しかったです。**だから芸能界で思い返すことはもうないんですけど(笑)。**

## 夜のタモリさん

あとは『タモリ倶楽部』に出られたらいいですね！『笑っていいとも！』は出ることができたんですけど、やっぱりタモリ倶楽部のタモリさんに会いたい。

人生どうなるかわからないですね。鬱病のときは死にたいと思っていたけど、今はあのとき死ななくてよかったと本当に思います。生きて**昼間のタモリさん**にも会えたし。

まだまだ色んな人に会えそうですね。歴ドルやってると真面目な番組に呼ばれて、政治家の方と共演することも多いんです。女性の視点から現代と歴史を合わせてどう思いますかと聞かれたり。それまで政治にはあまり興味がなかったので、気をつけて見るようになったら、去年の総選挙は維新だと言われていて、確かに明治維新のときと近いものはあるかなって思うこともありました。

## 歴史のお姉さん

本当はエキストラでもいいから『龍馬伝』に出たかったです。それじゃなくても、時代劇には出たいですね。町娘でもいいので、声をかけてください！日本舞踊を小1から中3まで習っていて、扇崎流名取なんです。着物の着付けから踊りまでできますよ。

あとは子どもに歴史の面白さを伝える紙芝居や絵本での読み聞かせをやっていきたいですね。子どもはすごく好きで、芸能活動を始めたときはそれだけじゃ食べていけないと思っていたから、チャイルドマインダーの資格を取って、今年の3月までは学童保育のアルバイトをしていました。教育テレビの歌のおねえさんみたいに、歴史のお姉さんという仕事もしてみたいですね。

美甘子
Mikako

◉1982年4月26日生まれ
愛媛県出身／AB 型
テレビ・雑誌・ラジオ・女優からタレント、コメンテーター、歴史本ライターと幅広く活躍。
著書
・歴女 私の愛する戦国武将（ビジネス社）
・戦国武将とお姫様の残酷物語（光文社）
・龍馬はなぜあんなにモテたのか（KK ベストブック）

# Eri Kohinata

WOTOME ROOM 07

ヲ乙女スタイル：歴史

三国志に出会って、もっと長期的に物事を見られるようになりました。

ヲ乙女の部屋07

# 小日向えり

## 大学で三国志に目覚め<br>儚く散って逝く侍に<br>心を焦がす歴史ヲ乙女

### 超多忙な小学生

三姉妹の末っ子です。近所のお母さん同士が仲良くて、親が遊んでいる間にその子どもたちが一緒になって男女関係なく遊んでいました。近所にお母さんがいっぱいいるみたいな、田舎らしい仲の良さがありました。

あと習い事をたくさんしていて、ピアノ、ダンス、習字、他にも水泳を夏休みに行ったり、小さいころは英語も習っていました。学校でもクラブ活動をやっていて、その中でも忙しい金管クラブに入って、それと少年野球にも入れられてました。塾も受験用の塾で週3は行っていて**多忙な小学生**でしたね(笑)。

### モデルオタク時代

中学の部活はソフトテニス部に入っていて、その練習に夢中になっていましたね。お姉ちゃんの影響でポルノグラフィティにハマって、ファンクラブに入って、ライブに行ったりしていました。あと、中学2年生のときに読んでいた雑誌で蒼井優ちゃんがモデルをやっていて、ああいうふうになりたいなと思って、3年生のころに受験の合間を縫ってモデル事務所に応募していました。

**そのころはモデルオタク**といってもいいくらい、モデルさんのことについて詳しかったですね。モデルさんの名前と事務所はすべて把握してたくらい。写真を切ってプリクラ帳に貼ったりしていました。

### 高校でスカウト

15歳のとき、母と東京を歩いていたときに事務所からスカウトを受けたのがこの世界に入るきっかけです。月イチくらいで上京して活動していました。タレント活動は学校にもオープンにしてたので、応援してくれている先生はDVDを買ってくれてたりしましたよ(笑)。

### マルチタレントを目指し

受験はタレント活動も休止して予備校に通って、勉強して横浜国立大学に合格しました。上京した当初は、幅広く活動するマルチタレントになりたいなと思っていました。目標としていたのは、同じ大学出身の真鍋かをりさん、あと、経営者にもあこがれていたので千葉麗子さんみたいになれたらいいなとも。

大学では、映画研究会と美術部に入ってました。映研はすぐにやめちゃったんですけど、岩井俊二監督が好きなんです。奇しくも同じ大学出身なんですよ。

### Tシャツ・ラブ・サミット

大学生のときにTシャツ収集にハマっていて、色んなTシャツを集めてたんです。そのとき、たくさんのTシャツブランドが集まる『Tシャツ・ラブ・サミット』というイベントに行ったとき、三国志のTシャツと出会いました。デザインが素敵で、そこに描かれている人が気になって、調べていたらエピソードが面白くて。そのTシャツ作成者の方にも三国志を勧められて、まず**横山光輝先生**のマンガの三国志を読んだんです。知人に全60巻借りて、大学1年の夏休みを使って読破しました。最初は劉備が好きだったんですけど、諸葛孔明が出てきたらそっちに感情移入しちゃったり。真っ当に蜀びいきから入りましたね。

読んだ感想は、色々な人物が出てきて、それぞれがエピソードを持っているのが面白いなと思いました。曹操が劉備のもとにいたときに油断させるために、雷が鳴ったときに怖がるエピソードが印象的ですね。あとは何と言っても主役級の人が死んでしまうのが衝撃的でした。まさか関羽が死ぬとは！ 生き返るんじゃないかって思うくらいびっくりしました。

それからもっと読みたいなと思って小説に手を出しました。小説を読むともっと深い世界だということがわかりました。蜀だけじゃなく、魏と呉の国の人にも興味がわきました。どの人も人間くさく描かれているんですよ。

## 登場人物に学んだこと

三国志に出会って、もっと**長期的に物事を見られる**ようになりました。それまではちょっと落ち込むと焦ったりしていたけれど、もう少し時間が経てば状況が変わって良くなると思うようになれましたね。三国志の中では、最初は魏が大きくなったかと思えば、三国志の三国ではなかった晋が結局統一したり、今の状況が良くなくても、戦略を使えば不利な状況でも勝てるとか、色んな勇気をもらいました。登場人物に学んだことは他にもたくさんあります。

## 歴史アイドルとして

最初に三国志のイベントに出たときに、歴史アイドルという肩書きをつけてもらって、それから歴ドルとして活動することになりました。最初はすごくとまどいましたよ（苦笑）ちょっと恥ずかしいなと思って。

## 三国志入門

マンガの『蒼天航路』は面白いですよ。三国志の正史に基づいていて、演義だけを読んでいた人には新しい勉強になると思います。曹操の立場から描かれている話になります。

三国志はいろんな人の立場になって物事を見られるのが面白いところで、誰が主人公と決まっていないところがいいんですよね。自分がどの国を好きになるかで、自分の価値観を再認識することもできます。また登場人物が多いので、絶対誰かにハマると思いますよ。読む時期によってお気に入りの人物も変わるし。奥がとっても深いですね。

その後は横山光輝先生のマンガはぜひ読んでほしいですね、ちょっと長いですけど。三国志の面白さに気づいていたら、この長さは耐えられますよ。あと映画『レッドクリフ』は勧めやすいですね。これは周瑜がほぼ主人公で呉を主人公に動いているところがなかなかなかったので、この作品が出てきて、面白くなりました。ファンとしては、マンガや小説を読んで想像していたシーンが、本当にき

れいに再現されていて、それもスケールが壮大で想像していた世界がこの目で見られるのが嬉しかったです。演義と正史のエピソードが両方うまく合わさって、オリジナルとして完成されていて、ジョン・ウー監督の三国志になっていました。私としては、100本の矢のエピソードも入っていて満足です。

## 真田幸村にもズッキュン

歴史小説を読むようになりました。三国志好きの人と話していると、戦国とか幕末が好きな人が多かったので、読んでみようと思ったのがきっかけです。その中でも友達の影響で、戦国では真田家に興味を持ちました。ドラマ『真田太平記』も見て、真田幸村にハマりました。彼の魅力は、最後の大阪夏の陣に凝縮されていると思います。それまで真田家は14年間九度山に蟄居させられていてその間戦えなかったんですね。蟄居中にお父さんが亡くなって、大阪夏の陣でやっと武士として戦えることになって、家康の首を取るために戦うんですけど、父親の背中を追いかけていた部分や、真田家の名前を残したいって気持ち、色んな思いがあったと思うんです。戦いに挑もうとしていると家康に寝返らないかって声をかけられるんです。3万石を与えると最初にいわれて、それを断って、その次に信濃1国を与えるからっていわれても断って、損得とかそういうのを抜きにして、自分のために戦う。勝算はなかったと思うんですけど、それでも戦い抜いて負けてしまって、**滅びる最後の姿がかっこいい**なと思いました。

## 儚く散る生き様が好き

新撰組は好きですね。大河ドラマと、司馬遼太郎さんの『燃えよ剣』で土方さんがかっこいいなと思いました。元は商人だったのに、武士として死んでいくところ、**非情でストイックなところが好きですね。**そうかと思えば、史実ではないんですが下手な歌を詠んで沖田総司にからかわれたりとかする面もあって、そのギャップにも惹かれています。

みんなに共通しているのは、**志を持って、潔く、儚く散って逝く人たちが好きです。**損得でなく戦う、負けるかもしれない中で命をかけて戦うことがかっこいいなと思います。判官びいきなところがあるんでしょうね。

## お墓巡り

東京近辺だったら青山霊園の大久保利通公や乃木将軍、大鳥圭介などが眠っているので、学校帰りに行けるなと思って行きました。あとは土方さんの日野にも行きましたね。

お墓参りに行くと、感極まって涙が出ます。その人の魂がそこにある、最期のときをいろいろ想像したり、好きな人に会えたことに涙が出てくるんですね。お墓参りのときは真田家は5円玉を6枚持っていったり、お酒が好きだった人はお酒を供えたりしています。親族以外はお供えがダメなところもあるので、注意しなくちゃいけないんですが。あとは心の中で話しかけるようにしています。ご本人がどういう風にアニメとかで取り上げられてますよとか、また来ましたとか(笑)。

## 今集めているもの

**御朱印帳**は今年の4月から集めています。全部真っ黒にしたいですね。おばあちゃんになるころには、家の中に御朱印帳の棚があるくらいになってるといいですね(笑)。御朱印帳はいつどこに行ったのか、きっちり日付が残るところがいいです。これを始めるとお寺に行く

楽しみがひとつ増えますよ。デジカメで写真も撮っているので、お墓参り帳とか作りたいなと思っています。

歴史は調べること、知ることが生活の一部になっています。読んでいる本も歴史関係、買うだけじゃなくて図書館を利用することも多いですね。

## 石田三成も熱い

今年は石田三成の生誕４５０年でちょっと記念すべき年なので、坂本龍馬も熱いですけど、こちらも、ぜひ（笑）。

あと、三国志に関しては私の本を読んでほしいですね（笑）。役立つと思います！『イケメン幕末史』は、男女を限定せず歴史が好きな人向けですね。ある程度歴史がわかっている人に向けて、エピソード集的なものになります。

## 今後やってみたいこと

戦国の本も出してみたいですね。地方のイベントに呼んでいただいているので、それは続けていきたいです。あと、江戸の文化にも興味があるので、幕末だけじゃなくて、文化的なことでもお仕事につながることがあればいいな。庶民が何をしていたか、民俗学的なことに興味を持っているんです。それで墨田区が気になっていて。江戸風情が残っている街で、江戸から続いている店もまだ残っているんですよ。そんな町にスカイツリーが建って、江戸の雰囲気が残る中に最先端の近代的なものがあるシュールさが最近お気に入りです。

千葉麗子さんのように、ビジネス方面にも進出していきたいですね。三国志で学んだことが活きてくると思います。歴史上の人物もそれぞれ逆境を乗り越えていると知っているので、それで勇気をもらって、私からも発信していけるようになりたいです。

小日向えり
Eri Kohinata

◉ 1988 年 1 月 17 日生まれ
奈良県出身／ O 型
テレビ・雑誌・ラジオと活躍。
書籍
・歴ドル小日向えりの
恋する三国志（青志社）
・『姜維伝』
帯コメント（朝日新聞出版）
・イケメン幕末史（PHP 研究所）

エアライフルをやっていると、次は実銃のクレー射撃がやってみたくなって

ヲ乙女スタイル：ミリタリー

# Mii Aihara

WOTOME ROOM 08

ヲ乙女の部屋08

# 相原みぃ

## メイドカフェに在籍し 実銃と所持許可を持つヲ乙女

### やっぱり2次元が好き

小さいころは女の子とおままごとをすることが多かったですね。絵を描くのが好きで、ひとりで遊ぶとよく絵を描いてました。中学生になってマンガを描くようになって。漫画家になりたかったたんです。マンガでは『怪盗セイント・テール』が好きでした。強い女の子が好きで、男の子と戦う女の子が出てくるのをよく読んでましたね。

中学時代が人生で一番マンガを読んでいたと思います。高橋留美子さんが好きで、『犬夜叉』から入って『らんま1／2』にハマって、あとは『テニスの王子様』と『シャーマンキング』が好きでした。そのうち読むだけじゃなくて描いてみようと思うようになりました。クラスで同人誌を読んでいる子がいて、貸してもらって読んだこともあります。

BLも読みましたけど、私はそっちに走ることはなかったですね。男の子同士が恋愛しているよりは、**マンガに出てくる男の子に恋をするタイプです(笑)。** アイドルよりもマンガに出てくる男の子が好きなんです。テニプリの**跡部景吾**が好きでした。中学生のときは一番のモテ期だったと思うんですけど、根がオタクだったのでそれをまったく活用できずに終わりました(笑)。浮いた話はいくつかあったんですけどね。男の子に何か言われて、**「このシチュエーション、マンガみたい」** と思うことはあったけどそれ以上は何もなくて、好きな子もいたけど覚えてないくらいですね。中学は部活で茶道部に入ってました。**今でも男の子は3次元より2次元の方が好きです(笑)。**

### 弾ける高校生

高校に入ってからは文化祭に力を入れるような健全な子だったんですけど、マンガやアニメもずっと好きだったので、秋葉原にも興味を持ってたんです。高校3年生のときに**メイドカフェのバイト**をするようになりました。

高校までずっと共学だったんですけど、私は**男の子にまったく興味がなくて。** 友達は先輩が好きだったりしたんですけど、ついていけなかったですね。ずっとマンガを追いかけてました。部活は帰宅部で、バイトは1年生のときからしてましたね。バイト代は何に使ってたのかな。マンガも買ってはいたんですけど、それほどでもなかったです。そのころのアニメはエヴァが好きでした。キャラはカヲル君とアスカが好きでしたね。強い女の子が好きなので。

勉強が好きだったので、よく勉強していました。そのままいい大学に入れたらなぁって思ってたんですが、高校3年生の体育祭で、赤組の**チアリーダー**になってしまって。もともとそんなキャラじゃなかったんですけど、他にやる人いないから頼まれてやったら、そのまま楽しくなっちゃって。文化祭ではなぜかバンドに誘われたんです。ずっとピアノを習っていて、キーボードをやってほしいと頼まれたんです。今年で最後だしいいかなと思って、やってみたらこれも楽しくて。**気がついたら勉強しなくなっちゃいました(笑)。**

バンドで私はアニソンをやりたかったんですけど、誘ってくれた子がアニメ全然好きじゃなかったので却下されました(笑)。

そのバンドにすごくマンガに詳しい男の子がいて、その子にたくさん教えてもらいましたね。高校生くらいになると、マンガやアニメが好きな男の子が、カミングアウトしだして、周りにそういう子がいっぱいいたんです。ちょうどそのころ秋葉原が流行りはじめて、オタクは気持ち悪いというよりは、ひとつの**ネタ**としていえるような時代だったと思います。カラオケで『残酷な天使のテーゼ』

を歌っても引かれなくなりました（笑）。それでも高校時代は今よりだいぶライトでしたね。アニメもそのとき流行っているものくらいしか観てなかったです。

メイドカフェに入ったのは、**『電車男』が流行って**秋葉原を知って、メイドカフェがどんなものだろうと思って調べていたら、今働いている「ミアカフェ」の求人募集を見つけたのがきっかけです。意外に高校生で受けられるところが少なくて。私が見つけたところならお給料も良くてまかないも出るし、あとコスプレもできるってあって。自分で服を作るほどじゃないけどやってみたいなと思ったので、それで応募しました。**メイドさんをやることに抵抗はなかったですね。**始めてみたら、楽しかったです。働いている女の子たちは趣味が合う子が多くて、しかも可愛いし。女子校にあこがれていたので似たような雰囲気を味わえて嬉しかったです。そこで勉強以外も楽しいって気がついてしまったんですよね（笑）。で、大学は近くの学校に受かったので、進学してからもバイトは続けてました。

## メイドカフェがサークル

大学ではサークルには入らなかったですね。飲み会は行ったけど、めんどくさそうな気がして。メイドカフェのバイトがサークルみたいなものですね。

## 単なる企画のはずが

大学2年のときに、店に取材が来たんです。たまたまその日暇だったので取材を受けてみたら、それがミリタリー系の雑誌の取材で、**そのときにはじめてエアガンを触って、**それが銃との出会いですね。取材内容は、メイドさんに銃を撃たせてみようっていう企画で、その道40年の方と対戦をして、5人中3位になったんですね。そこで「筋がいい」ってほめられて、それまでスポーツで活躍したことがなかったので、これならいける！って興味を持ちました。最初は銃を買おうっていうよりも、もっとうまくなりたいなと思ってました。それから度々取材に呼んでくださるようになって、特訓のような取材を続けて、それから雑誌に連載が決まってからはサバゲフィールドで練習しました。

銃を撃つのは楽しかったです。取材を重ねていくうちにそこで使っていた銃の名前を覚えて、それからサバイバルゲームにも行くようになりました。最初に触ったのが長物でそれは今でも好きで

すね。今もいろいろと学んでいる最中です。銃の組み立てまではいかないですけど、パーツを付けたりはしていますよ。

## ミリタリーから自衛隊へ

それから自衛隊に興味を持つようになりました。渋谷にある「自衛館」というスペース自衛隊がやっているオフィシャルスペースを見つけて、そこでは自衛官のコスプレができるんですよ。そこに行ってコスプレしたり、自衛隊の音楽祭に行ったり、去年は富士総合火力演習にも行きました。

## エアライフルから実銃へ

19歳でエアライフルの所持許可を取りました。エアライフルはエアガンと違って、警察が出す所持許可が必要なんです。エアライフルは射撃場で的を狙う競技で、自分との戦いになるので、誰かと戦うよりは自分に合ってるなと思いました。

撃つのは射撃場です。東京では世田谷の総合スポーツセンターに行っていますね。銃自体の重さは3～5キロくらいです。これに体を固定するためのユニフォームを着なくちゃいけなくて、それが重いんです。10メートル先の的を撃つために体を固定する、独特のものなんですけど、毎回それをキャリーに積めて、エアライフルをカバーに入れて担いで持っていきました。お気に入りはルパンの持ってる銃と同じ名前のワルサーです。デザインが可愛いんですよ。

エアライフルをやっていると、それはそれで楽しいんですけど、だんだんと実銃のクレー射撃をやってみたくなって……。20歳になって資格がもらえる年齢になってから免許を取りに行きました。試験はエアライフルのときに銃刀法の筆記試験を受けていたので筆記は免除で、実技を受けました。

実技は「トラップ」と「スキート」という競技の中から選べるんですが、私はスキートで取りました。スキートは半円形になっている射座に入って、2方向から出てくるクレーを撃ち落とす競技です。実技では一度練習射撃を行って、最後に1ラウンドの25枚が試験となります。ここで25枚中3枚当たれば合格。あと、実技試験は技術の良し悪しじゃなくて、銃を安全に取り扱えるかを重点的に見られます。

許可を取ってから、京都の國友銃砲火薬店（くにともじゅうほうかやくてん）さんがスポンサーになってくださったので、それを使って、イベントに出席したり、仕事をするようになりました。

## 実銃の魅力

人と戦うより自分と戦う方が好きで、自分の記録を伸ばしていくところが魅力です。もちろん撃つことも好きです。音もエアガンとは違うものがありますから。

実銃を所持している責任もかかってきます。銃は危ないものっていうイメージがあると思うんですけど、私はそれは違うと思っています。バットだって包丁だって、人によってはすばらしい道具にも危ない凶器もなるので、それと同じかなって。もちろん危険が伴う競技なので、緊張感は持ってなきゃいけないですが、クレー射撃というスポーツがすばらしいスポーツだって、みなさんに知ってほしいと思います。

## これからしてみたいこと

クレー射撃はこれからも続けていきたいですね。練習会に行くと年齢層が高くて、銃の平均所持年齢が60代なんですね。だから同年代の子たちにももっとやってほしいと思っています。せめてク

レー射撃が危なくないものだっていう認知くらいはしてほしい。それに一度やると、きっとハマると思うんですよ。

ただ銃砲所持許可を取るのに、平日じゃないと受付がされなかったり、指定された日に行かないといけないから、社会人には気軽に取れる資格ではないのかもしれません。でも、資格を取ってから撃つのは土日でもできますよ。

道具は、**彫刻が凝っている銃は100万以上もする**みたいで、ゴルフみたいなものなのかな。中古だと5万くらいで買えるみたいですよ。銃が高くても安くて手入れがしっかりされているものであれば、命中率は変わらないので、自分の手が届く道具を揃えられればそれでいいと思います。クレー1回分にかかるお金は意外と安いんですね。弾は1つ20円くらいで、クレーもひとつ飛ばすので40円くらいかな。**1日くたくたになるまで撃って、1万円はかからないですね。**私は体力がないので、1日4ゲームくらいしかできません。

射撃場はなかなか行きづらい場所にあるので、免許は今すぐ取りたいですね。もっと練習に行けるようになりたいです。

## 目指すは

これからクレーをずっと続けて、国体に出たいです。オリンピックもあって、ちょっと前に主婦の方が代表になって話題になったんですよ。でもあまり知られていないので、もっとみんなに存在を知ってほしいですね。

相原みぃ
Mi Aihara

◉ 1989年1月17日生まれ
O型
ミス☆ミスター駒沢コンテスト
準ミス受賞
ミアエンターテイメント・ミアガイド所属
メイド喫茶、撮影会を中心に活動。
実銃所持グラビアアイドルとして現在
注目を集めている。

将来は世界一の女性ボディガードになりたいです。
ヲ乙女スタイル：ミリタリー
Itsuya
WOTOME ROOM 09

ヲ乙女の部屋09

# 乙夜

## 病弱でピアノを習う少女
## ミリタリー好きから
## 予備自衛官補に

### 漢字少女

小さいころ、小児ぜんそくから肺炎になって死にかけたことがあるんですよ。なので幼稚園はほとんど行ってないです。あと、すごいどんくさい子でした。縄跳びが普通に飛べなかったんですよ。縄を回して、よいしょってまたいでました。**おっとりしたか弱い乙女に**なるはずだったんだけど……。

小学校の低学年を過ぎて、病気も治って元気になりました。そのころにはもう走り回れることもできて、体育も好きでした。ただ、ひとりでいるのが好きな子でしたね。お母さんにマス目のついたノートを買ってもらって、ひたすらそこに漢字を書いて過ごしてました（笑）。

それが本当に楽しくて、今日は水偏（さんずい）の日だ、今日は言偏（ごんべん）の日だって、その日ずつ決めて思いつく限りの漢字を書いて、ネタが尽きたら辞書を見て、あ、こんな漢字があるんだって覚えて、また漢字を書く……。という遊びに夢中になってました。

小学校のときは漢字か受験勉強かピアノですね。漢字を書き始めるのと同時くらいにピアノも習い始めたので。

当時は格闘ゲームヲタと言えるほど格ゲーは好きでした。お父さんがゲーム好きで、新しいハードが出る度に買ってくるので、家にはいつも最新のゲーム機があるという恵まれた環境でした。

## 少林少女

中学校に入って一緒にイラストを描いてよく遊ぶ友達ができたんです。その子がある日突然「ねぇねぇ、中国武術やんない？」って授業中に言ってきたんですね。びっくりして、でも、「いいね！」って私もそこで返事して、それから中国武術を彼女と通うようになりました。ピアノも続けていたんですけど、親からの反対もなかったですね。

その友達と今度は同人誌を描こうってなって。同人誌って知らないので最初見せてもらったとき、あれ？　るろうに剣心ってこんな絵だっけ？　すごいなぁって。感心した覚えがあります。画材道具を一式揃えて、題材は少年ジャンプ系を描いて、その作品を同人誌イベントに持っていったんですよ。内容は至ってノーマルです。そしたらそこにコスプレイヤーさんがいて、その世界を知ったがためにコスプレにもハマるようになりました。

学校は中高一貫で女子校という閉鎖的な環境だったので、中学で同人とやおいに目覚めた子は熟しが進んで高校生にして目も当てられない状態になってましたね。夏休み明けに両手いっぱいに紙袋と満面の笑顔で登校してきて……。とか、もう、ね……。

## エアガンとの邂逅

高校に入ってから、弟がある日エアガンを買ってきたんです。それまでミリタリーの世界は、軍服かっこいいな、戦闘服着たお兄さんかっこいいなって結構興味を持ってたんです。同人誌を描いていたときもミリタリーを題材にして、主人公は女の軍人さんというオリジナルの漫画を作りました。だから、弟の買ってきたエアガンに食いついて、持たせてもらったんです。すぐに虜になりましたよ。でも、アルバイト禁止でお小遣い制だったので、大学に入るまでは友達とオタクな活動を続けて、ピアノに打ち込んでました。

## 音大でミリタリー三昧

大学は小学生から続けていたピアノで音大に入学しました。そのころに弟からサバイバルゲーム（以下サバゲー）というのがあるんだよって教えてもらって。そこで山の中で迷彩服を着た人たちが戦略を立てて相手を倒すゲームがあることをそこで初めて知りました。聞いてすぐに**やりたい！**って思い、インターネットでサバゲーの参加方法とか調べて、すぐに参加しました。

大学に入ってアルバイトを始めていたので、アルバイト代でエアガンや衣装を買って、大学3年のある日、ミリタリーショップで働けばいいんじゃんって思いつき、それ以降はミリタリーショップで働きました。コレクション数もそれから一気に増えましたね。

サバゲーは多い時で月2～3回行ってました。森とか室内とか遊ぶ場所は色々あるんですが、**室内が特に好きですね。**壁一枚隔てて自分が見つかっているのか、そうじゃないかのドキドキ感はたまりません。

## 音楽からの卒業

音楽教室のピアノの先生してたんですがやっぱりあっちの道（ミリタリー）でやっていきたいと浮気心がでちゃいまして……。そのことを両親に告げて、喧嘩になって、でも本気だったらやったらいいよと許してもらって。そうしてガンショップの店員からスタートしました。

ガンショップの店員だけじゃなく、イベントコンパニオンもしたり。コスプレをしてイベントに出向く仕事をしていた時に自衛隊が来てたんですよ。**すごい自衛隊好き**だったので、はしゃいでしまって、車両の上に乗せてもらったり、それが広報さんの目に止まって、それから自衛隊に関するイベントに呼んでもらえるようになりました。銃の種類や名前だけじゃなく、**自衛隊の戦車、戦艦、ヘリに至るまで名前を覚えました。海に浮かんでいる戦艦のシルエットでさかなクンみたいに名前を当てるくらいはできます。**

そのころ、並行してブログを書き始めたんです。内容はサバゲーやミリタリーに関することを書いてました。1年くらいしてから軍事専門雑誌のSATマガジンさんからうちの専属モデルになってみないかとお声がけをいただいて。それからモデルで登場するだけじゃなくて、記事も書かせてもらうようになりました。

雑誌ではミリタリーファッションのモデルから漫画の登場人物や武術の体験レポートまで色んなことしています。軟派な感じにはなりたくなかったので体作りも徹底しました。元々筋トレとか好きだったんで苦ではなかったですね。雑誌の仕事を頂けるようになって、色んな繋がりができ、かなり世界が広がりました。

## 予備自衛官補と護身術

現在は自衛隊の**予備自衛官補**に**志願**して試験を受けて**合格**をもらいました。次は年間に訓練が何日かあるのでそれに出席します。それとボディガードの修行をしています。中でもスパイキーというイスラエル生まれの護身術がすごくて、その講習会は勉強になりますね。ちょっと変わった道具なんですけど、これひとつで殴る、叩く、突く、抉るといったことができる万能護身具で、イスラエル軍の元爆弾処理班だったシフ・サビア・タル氏が考案したものなんです。この形に意味があって、その理合を体感しながら護身術が身に付くので女性にお勧めです。

握っている白い道具が「スパイキー」。何通りもの使い方ができる奇妙な形には意味があります。か弱い乙女にお勧め！

私の仕事は体験や実践ものから、講習会を受講して広めるなど、あまり知られることがない世界を、広く色んな方に伝わることができるよう体を張ってチャレンジしています。固いイメージの仕事だけじゃなく、ピアノで音大に行った腕前とミリタリーを融合させた、**戦場のピアニスト**なんかもできますよ。

## この魅力を多くの女子に

ミリタリーの魅力は、その人それぞれでたくさんあるので一概には言えないのですが、私はサバゲーが好きなタイプで、サバゲーの中でもまた感じる魅力的なポイントが多くて、「非日常体験」「戦略を立てて動く」「射撃の練習」といったところが面白いなぁと思っています。今修行中のボディガードについても、本当に行く行くは世界一のボディガードを目指しているんですが、そういったことが生きてくるかなと思っています。あと、コミュニケーションが生まれるのもいいんですよ。「背中は任せた」なんてあまり言えないじゃないですか？男女で差が生まれるゲームでもないし、暗いゲームと思われているかもしれませんが、明るいフィールドで楽しくわいわいやっていますよ。スポーツ感覚で遊べるので女性参加者も増えてきています。

女性の方で、興味はあるけどいきなり男性もいるフィールドに飛び込みにくいという方は、「女子サバゲ部」で検索してくれれば、私がリーダーを務めている女子専用のサバゲ部のページにアクセスできるので、そこから参加してもらっても。全国のサバゲファンの女性が登録しています。それと、サバゲーは道具を揃えていなくてもレンタルもあるので安心してください。お互いルールをしっかりと守るだけで気軽に遊べます。見学だけでも大丈夫ですよ。

乙夜
Itsuya

◉4月4日生まれ
東京都出身
イベントコンパニオン・雑誌モデル・ライター・モーションキャプチャー
ライブ・撮影会モデル・ブログでの商品やイベント紹介などをこなす

・『Strike and Tactical マガジン』モデル&ライター
・三戦警護士事務所　登録警護員
・自衛隊　予備自衛官補
・㈱ぷらんか　所属タレント

ヲ乙女の部屋10

# コノミ・アキラ

## プロスキーヤーから一転 世界を飛び回るコスプレイヤーに

### リアル巨人の星

生まれは北海道小樽市で、歩いた瞬間からスキーをはかされてました(笑)。うち、『巨人の星』みたいな家なんですよ。**お父さんが星一徹みたいな人**で、元プロスキーヤーで私が第1子だったので、厳しく育てられました。1歳くらいの写真を見たら、もう私スキー履いて滑ってるんですよ。記憶はないんですけど。3歳くらいのときはひとりで山を滑っていたらしいです(笑)。

小学校のころは、学校から帰ってきてチャリンコで海まで行って、海に潜ってウニとかアワビとか穫って、その場で食

Akira Konomi
WOTOME ROOM 10
スキーで培った技術の全てがコスプレに活かされています。
ヲ乙女スタイル：コスプレ

べて、チャリをこいで家に帰るっていう、そんな野生児のような生活を送ってましたね。家にテレビがなかったので、スキーとテニスばっかりしてました。

## 小学生でプロ

小さいころからスキーのレーシングチームに入っていて、スポンサーとかちゃんとついて、小3からプロでやっていました。朝4時に起きて、トレーニングして学校行って、また帰ってきてからトレーニング、っていう毎日でした。

テレビは家になかったけどお父さんが本好きで、家には書庫いっぱいに本があったんですよ。お母さんが保母さんをやっていて、絵本もたくさんあった。『エルマーのぼうけん』とかロビンソン・クルーソーとか、冒険ものが好きでしたね。

初めてのマンガは、小学3年生くらいで読んだジャンプ。読んだ場所は合宿所です。この合宿所がまたマンガに出てくるみたいな2段ベッドが並んでいるだけの部屋で、そこにマンガ雑誌がたくさん置いてあって、それで読むようになりました。ただマンガはそこにしかなくて、**家に帰ると何もなくて（笑）。**

小学校3年生くらいにテレビとビデオが家にきました。**スキーのビデオを見るためのテレビなんです。**でも、それで『スター・ウォーズ』とか『ふしぎの海のナディア』とかビデオをたくさん借りて観ました。アニメも特撮もビデオで。お父さんに言っても許してくれないので、お母さんと買い物にいったついでにお願いして。周りに野性的な男性しかいなかったので、アニメとか特撮に出てくる男の人がすごいかっこよくて。**ケンシロウは実在すると思ってました（笑）。**レンタルビデオは返すときまでずっと同じシーンを何回も観てました。お父さんが見てたのは『おーい竜馬』くらい（笑）。弟が盲腸で入院することになったときに、お父さんがまとめてビデオを買ってきてくれたことがあったんです。うちの一家みんな歴史が好きなんで、司馬遼太郎とかずらっと並んでました。

字が読めるようになってからは、お父さんの書庫にある本を片っ端から読んでました。司馬遼太郎から、太宰治や宮沢賢治とか。灰谷健次郎さんがすごく好きで、『太陽の子』の感想文を書いて賞をもらったことがあります。

## イメージトレーニング

スキーでは、イメージトレーニングがすごく大事なんです。大会で滑るコースは1回の下見で全部の地形を覚えて、しかも頭の中でシミュレーションして最短

玄関横の傘入れも、コスプレ用の剣とソードでいっぱいに。とにかく衣装に関するものであふれている。

打ち合わせと撮影会で使わせてもらっている事務所。最近は海外からの依頼だけではなく、国内のイベントにも呼ばれることが増えてきているという。

イメージを出さないといけないんです。好きな選手の真似とかもしてましたよ。これ、コスプレと同じなんですよね。

## ゲームに向かない体

小6くらいのときに、初めてスーファミが家にきたんですよ。周りじゃプレステとかなのに！ でも弟と喜んでやりました。ただ2人ともすごく動体視力がよくて、アクションとシューティング系は敵の動きを全部追っちゃうから、酔っちゃって長時間できないんですよ（笑）。

## 同人誌との出会い

小6か中1くらいのときに、本屋さんで『るろうに剣心』と間違えて、『抜刀ロマンス』というるろ剣のアンソロジーを買ってしまったのが、同人誌との出会いでした。「わぁ、剣心がこんなことしてる」って衝撃を受けましたね。でも、これで本家のマンガを妄想で自由にしていいんだって、自分でも妄想していたくらいなので嬉しくて、それでアンソロジーを買うようになって。『幽遊白書』とか『スラムダンク』とかのを買っていました。

## コスプレとの出会い

高校のころ、たまたま学校に行ったときに、私の席の隣に転校生が来てたんですよ。すごく可愛い女の子だったので、声をかけたら「次の日曜に遊びに行かない」って誘われて。女の子から誘われることなんてなかったから嬉しくて、札幌に行くっていわれて、そんな都会に行くのに私ジャージしか持ってないし、っておしゃれして行ったのに、着いたところは同人誌の即売会会場。

そこでコスプレイヤーさん達がたくさんいて、すごい、こんな世界あったんだって感動して、かっこいい、真似したい!!って思って、次のイベントのときにはコスプレして行ってましたね（笑）。

私をこの世界に誘ってくれた転校生はすごい美少女だったけどガチヲタで、コスプレイヤーでした。

その子の家にマンガがたくさんあって、同人誌もたくさんあって、ゲーム機もあって、家にないものが何でもあって、ここは宝島かっていうくらい。インターネットもパソコンもあって、コスプレ雑誌があって、私の家から歩いて5分くらいだったので、休みの度にその子の家に行って、ものすごい早さでたくさんのものを吸収していきました。

## 絶望からの復活

高校3年生のときに、それまであまり体も頑丈じゃなかったけど無理を重ねて練習していたら、ある大会の後に動けなくなっちゃって。そのまま担架で運ばれて、その日から下半身が動かなくなって、元通りにスキーをやることはできないといわれました。

結構落ち込んだんですけど、主人公が挫折してまた立ち上がったりするマンガやアニメが好きで助けられましたね。で、みんなに勇気や元気を与えられる**ヒーローに自分もなりたい**って思うようになって、学校の先生を目指すことにしたんです。

広くて眺めのいい場所なので、コスプレの撮影会をここでもっとやってみたいという。

リハビリ後、大学へ進学する決意をするんですけど、前のようにスキーができないので、スポーツ推薦がなくなって。親からも大学に行かせるお金がないからって反対されたので、入学金を貯めるために高校生でも働けるところでバイトを始めました。お金を貯めつつ勉強して、中学の英語から勉強し直して、それで大学に入りました。

スキーから全然違う世界にいきたいとまず思って、雪が降らない地域で、関西弁にもあこがれていたので、それで京都の大学を選びました。

## 大学デビュー

大学で高校までとは全く違うことをしようと思って演劇サークルに入って、そこで演劇をしながら衣装メイクを担当してメイクも学びました。衣装担当の先輩がコスプレイヤーで、関西のコスプレイベントには先輩に連れて行ってもらいました。ここで学んだ舞台映えする衣装とメイクについては、いまのコスプレショーにも活かされています。

コスイベントは多いときは月に3回くらい行ったりしていました。衣装は月に5着とか。みんなでやるときは、1日で13着いっぺんに作ったこともありますよ。

## 社会人からの復帰

一度も社会人を経験しないまま先生を目指すのも、なんだか変な感じがして、まずは就職をしました。演劇でそのまま……って考えたときもあったんですけどね。ボランティアで学校の先生をしながら働いて。このころはコスプレもお休みしてましたね。

またこっちに戻ってくるきっかけは、コスプレの世界大会に出場しないかって友達に声をかけられたとき。この大会、コスプレの衣装だけじゃなくて、寸劇もして、そのショーと合わせて審査されるんですね。大学で演劇もやっていたし、おもしろそうと思って参加しました。

これが自分が思っている以上に受けがよくて、海外のイベントに出てみないかっていう話をいただいたんです。それから会社勤めをしながら、コスプレで海外に行くようになったんですが、気がついたらコスプレの依頼が増えてきたので会社を辞めました。

## これまでとこれから

アジアの国を中心に、アメリカやドイツに行きました。そこで審査員をしたり、ショーをやったり、それと、大使館や領事館に行ったり政治的なこともしていますね。出演の依頼は、海外のオーガナイザーからの招待で直接交渉をして行きます。

家では衣装を作って、お仕事については知り合いの事務所に間借りさせてもらって、そこで話をお聞きしています。家が布で埋まっているので汚部屋すぎて、皆さん引かないでくださいね。

コスプレの友達は海外を含めたら800人とか、諸々の関係者含めると何千人となってて。自分は基本的に何もできないけど、人と人を結ぶ役割にもなれたらなと思っています。

コノミ・アキラ
Akira Konomi

◉1月2日生まれ
北海道出身／AB型
・中国最大のコスプレイベント「中国 COSPLAY 超級盛典」／特別審査員・ゲスト出演
中国では「蒼一輝」ともよばれる。
・韓国最大のコスプレイベント「Wonder Cosplay Festival」／ゲスト出演
・2010 WCS 世界コスプレサミット日本代表選考会優勝
他　多数のイベントに出演

# たくさんの人と遊びたいので、コスはなんでも雑食系ですね。

ヲ乙女スタイル：アニメ・マンガ

Area.91
WOTOME ROOM 11

ヲ乙女の部屋11

# エリア.91

## ファッションジャンルに「コスプレ」が入る日を目指して

### 父のマンガと男子とゲーム

お父さんがオタクなんですよ。オーディオやスピーカーに凝ってて、あと『ジャンプ』を毎週買ってくるし、お気に入りのものはコミックも買ってきてました。色んなジャンルのものがありましたね。『寄生獣』とか、あと小学生のときに読んで記憶に強く残ってるのは、災害後の都会を生き延びる漫画『サバイバル』です。

マンガとアニメとゲームは小学生からずっと好きですね。マンション暮らしだったんですけど同年代で遊ぶ子どもが集まると、男子が多くて、自然と探検や冒険ごっこが多くて、あとはみんなそれぞ

れ持ってるゲームの種類も違ったんで、誰かの部屋にゲームをしに遊びに行くとか、そんな遊びをしてました。

## ゲームで高校中退

高校生のときにアルバイト代でプレステ2を買ったんですけど、寝る時間を惜しんで遊んでましたね。夜遊んでいたのはゲームだけでもないんですが……。高校2年生になるともうほとんど学校に行ってなくて、行っても1時間くらいで帰ったり。そんなことを繰り返していたら**学校から辞めてくださいっ**て通知が来て。当時「カリスマ店員」って流行ってたんですよ。で、学校を辞めるタイミングで私もカリスマ店員になる！て覚悟してアパレル業界に就職しました。その仕事がいまも続いています。

## コスプレとの出会い

大阪の日本橋が歩行者天国になるストリートフェスタってお祭りがあるんですけど、そこで初めてコスプレイヤーを見つけて、好きな漫画のキャラクターの実写版がそこにいるという興奮が大きくて何この世界！ってなりました。それをきっかけに本屋でコスプレ雑誌を見つけて買い始めたんです。とにかく色んな種類のコスプレ雑誌を買い漁りましたね。

## コスプレデビュー

コスプレの世界にはコスプレイヤーやその世界が好きな人たちが集まるサイトがあるんですが、登録するときにコスプレイヤーとして登録するか、一般（コスプレ好きやカメコさん用）で登録するかの2種類があるんですけど、私、コスプレイヤーでもないのに最初からコスプレイヤーで登録したんですよ。で、ある日「ノーモア★合わせ募集」という告知を見つけたんです。この「ノーモア★」って、「ノーモア★ヒーローズ」というゲームのことなんですが、当時このゲームにむちゃくちゃハマってて、もしコスプレするなら「ノーモア★」がいいなぁ……、なんてことも考えていたくらい好きだったから、もうこのチャンスを逃す手はないと思って参加することにしたんです。

## 衣装の思い出

最初は衣装を自作するなんて無理だと思ったので業者に発注したんです。自分が選んだのは「バットガール」。ピンクのウェイトレスの衣装です。で、注文して届いたけど、これがもう私のサイズと全く合ってなくてブカブカだったんですよ。全部で8万円くらいしたのに！悔

しいので縫い目をばらして自分のサイズに合うように縫い直しました。あとは武器となっているバットなんですが、そこは本格的にいこうと、スポーツショップで現役選手モデルのバットを買ったんです！　これが重い(笑)。あと血のりが着いている状態にしたくて、バットをお風呂場に置いて、赤いペンキをバットめがけてバシャッとかけて〝本物〟っぽさを目指しました。楽しかったですね。……ただ、**お風呂場は殺人現場みたい**になるわ、血のりをかけたバットをベランダに干している間、マンションなんで上の階から見られて通報されやしないかビクビクしてましたけど(笑)。

## 一気に広がるコスプレの輪

最初にマニアックなゲームのキャラから始めたので、合わせて一緒に遊べる仲間が少なくて、最初はちょっとその辺が寂しかったというか、よく理解できていなかったんですね。で、ジャンプの『ワンピース』に出てくるキャラのコスを始めたときに、たくさんの人と合わせができて、ジャンルや人気によって違いがあるんだと実感しました。でも、自分自身はキャラクターを実写化して、ジャンル関係なく、たくさんの人と遊んでみたかったので、今でもいろんなコスに挑戦しています。**雑食系**ですね。

## 月の平均製作衣装数

平均っていうの難しいかな。あまり製作にかかれないときは1着ということもありますし。でも気になったキャラができたら月に4着とか作るときもあります。裁縫はお母さんに女の子はミシンくらいできなアカンって言われて育てられたんで、それが活かされてますね。難しいキャラクターになったらお母さんに手伝ってもらうときもあります。

実はお母さん、オリジナル衣装を作る仕事をしているんです。で、私がコスプレを始めたら、お母さんも「私もそっち作ろうかな」ってなって。いまじゃ普通の手作り業者よりも安いっていうんで全国から注文を受けてるんです。私も忙しくて作れないときはお母さんに発注します。よく、いいじゃんって言われるんですけど、イベント会場で自分の母親が作った衣装と同じ人がいることもあって、あれはちょっと恥ずかしいですね……。**お母さん、私のコスプレ写真を参考写真として使ってるみたいだし……。**

妹が『とらのあな』の店員してるんです。私より色んなこと知ってますよ。妹は私のコスプレにちょっと反対というか、私が本に掲載された時に、他の店員さんが私が掲載されている写真を見て「この人知ってる」って言ったんですけど、妹は「あ、友達やねん」と他人のふりをしたんです！

## コスプレを通してしたいこと

コスプレをファッションジャンルのひとつとして確立させたいです！　最近のウィッグで金や茶色くらいならギャルの間で流行ってるんですよ。ドーリーっていうんですけど、見た目は人形さんみたいで可愛いんです。こうやって、ちょっと前ならウィッグをかぶって街を歩くなんてありえなかったのに、ファッションでウィッグが使われるなら、コスプレもありじゃないかって思うんです。コスプレもウィッグを使いますし。あんまり露出の激しいのは難しいかもしれないけど、もっと単純でいいと思うんです。

例えば、初音ミクでお馴染みとなったボーカロイドシリーズに鏡音レンというキャラクターがいるんですけど、彼のファッションでパーカーとジーンズというのがあるんですね。これにウィッグを彼と同じ色で合わせるだけでレン君のコスプレになるんです。このコスプレで街を歩いてもいいんじゃないかなって。**芸能人が着ていた服と同じものを買って、同じ化粧や髪型をするギャルがいるとしますよね。これってコスプレって思いませんか？**　好きなアニメやゲーム、漫画のキャラクターと同じ衣装と髪型にする心理もそうなんですよ。世間的にそこを認めてもらいたいですね。

## コスプレイベントプロジェクト

今年の10月に、これは友達と計画を進めているものなんですが、大阪市に企画書を提出して、3会場を巡って楽しめるコスプレイベントを企画しました。1つはコスプレファッションショー、1つはアニソンライブ、1つはクラブイベント、会場ごとに遊ぶ内容と時間を振り分けて、3つの会場を順に楽しめるようになっています。こうやってコスプレで色んなことをしていきたいですね。

エリア.91
Area.91

◉ 1983年9月1日生まれ
大阪府出身／O型
2010 WCS 世界コスプレサミット日本代表選考会三位
国内コスプレファッション分野の確立を目指してイベント企画から参加まで幅広く活動中。

ヲ乙女の部屋12

# 黄々

## 人生はゲームで教わる 変態コスプレイヤー

**あたし、ゲーム、好きすぎ？**

自分のこと、おかしいかなと思ったのは中学生くらい。**私、ゲームとマンガが好きすぎなんちゃう？**って。とにかくゲームが好きで、学校から帰ってすぐゲーム。自分の部屋にあったので、朝までやってました。今考えると恵まれた環境ですね。その当時読んでいたマンガは『コロコロ』、『ボンボン』、『ジャンプ』ですね。小学生のころから読んでました。

高校はバイトとクラブに精を出して、それと軽音部で、歌とギターをやってました。今も遊びでバンドをやってます。3年間クラブをがんばって、部長もやり

寝るくらいなら遊びたい、とにかくゲーム優先なので。

Kiki
WOTOME ROOM 12

ヲ乙女スタイル：ゲーム

ましたよ。バイトはパン屋と、コンビニが長かったですね。バイト代はだいたい**がゲームか服**に消えてました。

そのころはいろんな人と遊んで、家に帰ると寝ないでゲームやって、**学校行って寝てました（笑）**。起きてるときはゲームボーイでゼルダをやってましたね。暗記だけはできたんで、テストはそれで乗り切ってました。

遊んだハードはプレステ、セガサターン、ドリームキャスト、ネオジオ、バーチャルボーイ、ワンダースワン、プレステ2……。あとまだあるはず。収集癖があったんですよ。ドリキャスは『シーマン』をやっていて、サターンは『天外魔境』と『サクラ大戦』がやりたくて買いました。雑誌は『電撃プレイステーション』を買うことが多かったですね。

## 誘われるがままコスプレ

高校卒業してからはバンドでお仕事をもらえることができて、演奏の仕事をしていました。あとはパチスロ（笑）。そんな生活を23歳くらいまで続けてました。バンド活動をやめたときに一緒にバンドをやってた子が、「面白いゲーム教えて」って来たので、**『ときめきメモリアル』**を教えたら、その子がゲームにハマって、それからコスプレにハマったんです。めっちゃ早い展開ですよね（笑）。その子に「一緒にやろうよ」と誘われて、コスプレデビューしました。

コスプレを始めて友達は増えましたね。コス名刺も作りましたよ。キュアとアーカイブに登録して。今も誘われて行く感じなので、コスプレをすることがメインというよりは、友達と一緒に過ごすのがいいですね。

## 寝るのがもったいない

ゲームの総プレー時間はすごいことになってますね（笑）。寝るのがもったいないと思っていて、**寝るくらいなら遊びたいです**。オンラインゲームは3年くらい前から参加してますけど、どちらかというと**ハードのあるゲームが好き**ですね。やるときは、クリアするまで集中してやります。やり終わったソフトは貸したり売ったりしてますね。売ったものがまたほしくなったら買い戻します。手元に置いておくのは少ないですね。

アニメは勧められたら見ます。**とにかくゲーム優先**なので放送に合わせて見るっていうことができないんですよ。だから完結しているアニメを2日くらいでまとめて見ます。

## ノーゲーム、ノーライフ

**大事なことはゲームに教えてもらいました。**おいしいもの食べて、ゲームして、のんびり暮らしたいです（笑）。

ゲームはリアルを追求せずに、中身を充実してほしいと切に思います。グラフィック押しのゲームが増えすぎて、**ドットの時代を思い出してほしい**ですね。2頭身のキャラで喜怒哀楽をあらわしていた時代のことを。開発者には『マザー』を思い出せ！と言いたいです（笑）。

黄々
Kiki

◉2月19日生まれ／O型
関西を中心にチマチマやってますがたまに海外に足伸ばしたりしてます。
ゲームばかりして引きこもりがちに見えますが割と外にも出ます。

マンガはその人に合わせてお勧めを出すことができますよ

ヲ乙女スタイル：アニメ・マンガ・男性向けADV

Maria Uezumi

WOTOME ROOM 13

ヲ乙女の部屋13

# 上住マリア

**大学までにマンガ数千冊読破**
**そして極度のギャルゲー好き**

## 一人っ子だから

マンガとアニメは、物心ついたときにはもう夢中になってました。少女マンガは、『なかよし』の『セーラームーン』、あと『ミラクルガールズ』も好きでした。アニメは『幽遊白書』とか『ドラゴンボール』、『元気爆発ガンバルガー』とかも好きでした。一人っ子だったので時間があったのかな。男の子ものも好きだったんです。あと、女の子の変身ステッキも持っていて、とにかく変身ものにはすごく惹かれてました。

小学生になってから単行本も買ってもらうようになりました。『魔法陣グルグ

ル』が最初に買った単行本になります。なぜか2巻から(笑)。表紙が可愛かったので、中身を知らないで買って、あとで全巻揃えてました。**今で言うジャケ買いですよね。**他のマンガも気に入った絵があったら途中の巻から買ったりしていて、1巻から読むっていう考えがなかったんです。

あと、ゲーム。うちにサターンやドリキャス、ゲームボーイ、Nintendo 64、プレステ、プレステ2とだいたいのものがあって、最初に面白いと思ったのが『サクラ大戦』でした。アイリスが可愛いんです。他にも、『ウィザーズハーモニー』っていうギャルゲーを買ってもらいました。そのころからギャルゲーにハマって……。他の思い入れのあるソフトは『モンスターファーム』と『バーガーバーガー』。でも、ひとりで遊ぶときは**もっぱらギャルゲー**が多かったです。**小4でパソコン**を買ってもらって、ネットの世界にも足を踏み入れていました。家族の中で私だけ機械が好きだったので、専用のパソコンを買ってもらったんです。同じくらいの歳の子が開いているFFのファンサイトに遊びに行ったりしてました。

## 読モとオタの両立

中学生になった時点でこの仕事をやりたいなと思っていました。いつも読んでいた『junie』で専属モデル募集が出ていたので、それに応募したらそのまま通って、トントン拍子でいきました。

お仕事を始めるようになっても、マンガから離れることはなかったですね。あと、ゲームもほぼ中断することもなくやって、部活もテニスをやっていました。時間をフルに使ってましたね。友達とカラオケに行ってアニソンを歌ったりとか。

## 大学までに数千冊読破

高校は友達とバンドを組んでました。今思うと『けいおん!』ですね(笑)。ゲームでずっとハマり続けていたのはDSの『牧場物語』。無料ダウンロードできるゲームやオンラインゲームもやって、マンガは、『はるか17』とか芸能界が舞台になっている話は、自分もこうなりたいなと重ね合わせて読んでいました。

時間があれば、今でも**マンガ喫茶にパック料金**で入って読みますよ。読むの早いんで(笑)。家にあるのは序の口で、**総タイトルは何千冊なのか数えきれないんです**が、マンガの知識はものすごいと思います。ラノベも好きですね。アニメを見てから原作が気になって読んでるのも多いです。『空の境界』はすごく好きだったので、劇場まで見に行きました。それと**『とらドラ!』**は一番好きなアニメ。こんな恋愛いいなって思います。見ていると高校時代に戻りたいって思いますね。原作もゲームも最高です。

## 特技とこれから

**マンガはその人に合わせてお勧めを出すこともできますよ。**こういう場合はこれって。

高校のバンドでボーカルをやっていたくらいなので、アニソンが好きなんです。なのでキャラソンを出してみたいです。

上住マリア
Maria Uezumi

◉1987年12月12日生まれ
大阪府出身/B型
舞夢プロ所属
関西を中心に番組や雑誌等で活動中!

■主な活動履歴
・雑誌「junie」専属モデル
・NHK「きよし・よしみの浪速ナイトショー」
・TBS「セーラー服と機関銃」
・OBC「ラジオでんでんタウン」

ヲ乙女の部屋14

# 彩夏

## メイドカフェでアニメの洗礼 エヴァンゲリオンに生活を捧ぐ

### 普通の生活

子どものころはずっとゲームばかりしてました。姉がひとりいて、家にいるときは一緒にやってましたね。そのころはセガサターン、ゲームボーイ、スーファミが家にありました。友達と遊ぶときも、友達の家に行ってゲームをすることが多かったですね。マンガはみんなが読んでいるものを読んでいるくらい。そんな生活を高校生まで続けてました。高校を卒業するまでは普通の生活ですね。

### メイドカフェデビュー

大学生になって、メイドさんって可愛

Ayaka

WOTOME ROOM 14

弐号機を食べる量産機も好きです。

ヲ乙女スタイル：フィギュア・メイド

いなって思うようになって、メイドカフェで働きはじめたんです。そこから趣味の世界が広がりました。それまでアニメの世界は何も知らなかったので、お客さんが色んなアニメを教えてくれて。DVDをいただいたこともあります。そこで「エヴァは見た方が良いよ」って勧められて、それでエヴァを見て、その時の自分の心境とシンジ君の気持ちがシンクロしてて、ハマってしまいましたね。

## エヴァ中毒

以来フィギュアや関連グッズをチェックしだして買うようになりました。最初はコンビニで売っていた小さいやつから始めて、UFOキャッチャーでもたくさん取りましたよ。限定品もあったんで、かなりの金額をつぎこみました(笑)。中毒みたいになって夢中で集めてましたね。そのころからバイト代はフィギュアに消えていきました。

集め出して4年くらい経ちました。エヴァを求めて、もともと行かなかった場所にも足を踏み入れるようになって、パチンコにも行きましたね。映像が観たいってのもありましたけど、ホールでしか置いてない限定品が欲しくて(笑)。週刊『エヴァンゲリオン・クロニクル』は定期購読していますよ。

## エヴァの魅力

何と言っても世界観じゃないですか。現実ではあり得ないことですけど、観ている人を引き込む力があると思います。最初はシンジ君の「逃げちゃダメだ」っていうところに共感して、それぞれキャラの個性がすごく強いので、知れば知るほどみんな好きになりますね。特に好きなのは綾波です。好きなシーンは、綾波がエントリープラグに閉じ込められて、シンジが助けて「笑えばいいと思うよ」って言うところです。

## エヴァの価値は

エヴァがなかったら私の趣味はここまで広がらなかったと思うんです。でもロボットには興味がなくて、集めてないんですよ。集めているのは人間と、使徒。好きな使徒は青い正八面体のラミエル。あと弐号機を食べる量産機も好きです。

コレクションは現状維持で、大きいものもちょっとずつ増やしていきたいですね。あと専用のケースで床から天井まである大きいのを買いたいです。

あと、エヴァの量産機をたくさん集めて、弐号機対量産機のシーンを再現したいです。海洋堂フィギュアミュージアムであった、エヴァンゲリオンのフィギュア作品展を見に行った時に、丁度そのシーンが再現されてるコーナーがあって。すごい印象に残ってて、それが忘れられないんですよね。これは密かな野望です。

彩夏
Ayaka

◉ 10月31日生まれ／O型
メイドカフェを辞めてからも、お客さんとして癒されによく行ってます（笑）。
フィギュア・メイド以外の趣味としては、アニソンバンドを組んでライブがしたいです。

# Izuna
WOTOME ROOM 15

ヲ乙女スタイル：ストリートファイター

## ストイックにがんばっているから恋愛するならガイですね。

ヲ乙女の部屋 15

# イズナ

## ストリートファイターに魅了され続ける１児の母

### 運命の出会い

小学1年生のときにスーパーファミコンがうちにきて、おもちゃ屋さんのチラシで見てた『ファイナルファイト』が欲しいって親にお願いしたら**「ケンカのゲームだからやめなさい」**と言われてしまって。結局他のソフトになったんですけど、実は『ファイナルファイト』のメインキャラの2人が今でもすごい好きで、このころから何か引かれるものがあったのかもしれません。

格闘ゲームへのあこがれが捨てきれず、小学校2年生の夏休みに、宿題を早く終わらせて父に『ストリートファイターⅡ』（以下ストⅡ）を買ってもらいました。そこからカプコンのゲームにハマっていきます。親戚のお兄ちゃんや幼なじ

みの男の子たちも一緒に、毎週土曜日に学校が終わったあとは家に集まってみんなでストⅡをやる、という感じでした。

## イラストサイトの開設

その後は部活が楽しくなったりしてしばらくゲームから遠ざかっていたんですが、中学2年生の冬に弟が『ストリートファイターZEROⅢ』(以下ZEROⅢ)の攻略本だけを買ってきて、「今度これやりたいんだよね」と話しているのを横目で見て、その中のガイとコーディーの2人に惚れてしまって……。クリスマスプレゼントにソフトを買ってもらって、そのときから2人の絵も描くようなりました。画集や関連本もこのころから集めてます。

高校1年生の6月27日にイラストのサイトを開いて、今年でちょうど10周年になります。ゲームをやりつつ、サイトで絵を描きつつ、といった感じですね。

## 恋愛するなら

コーディーは元英雄なんです。最初はTシャツジーパンの爽やか青年だったんですけど、ちょっと事件に巻き込まれて、囚人になっちゃうんですよ。それで荒んじゃって。ガイは武神流忍術を極めようとストイックにがんばっているから**恋愛をするならガイ**ですね。

## カプコンの魅力は

デフォルメがきいてて、動かすとその魅力がアップすること。ゲームを知らない方は、まずゲームをやってもらって、キャラクターの魅力がわかって、さらに2次創作をしている私たちにも注目してほしいです。

今だったら最新作のスーパーストリートファイターⅣを勧めたいんですが、やっぱりお勧めはZEROⅢですね!プレステ2でZEROシリーズが集められている『ストリートファイターZERO ファイターズジェネレーション』というソフトなら、私の好きなシリーズが詰まっているのでお勧めです!

## 子育てとの両立

今は結婚して子どももいるので、子どもが寝てから絵を描いたりゲームをしたりします。その中で同人誌を1冊何かやってみたいです。あとはサイトをもっと盛り上げていきたい。「かっこいい絵を描くなあ」と思って楽しんでくれたら嬉しいですね。あと、旦那さんに勧められてジョジョにハマって。**紙粘土の石仮面**を作ったんですけど、どこにも公開してなかったのでこれから出していきます(笑)。

イズナ
Izuna

◉8月8日日生まれ/A型
SOHOデザイナー兼主婦
ガイとコーディー以外もカプコン系に限らずイラストを描いてます。イラスト、デコメ素材デザインのお仕事承ります。

ヲ乙女の部屋16

# ERIKA

## 声優を日夜追いかけ サブカル大使を目指す

### 兄とアニマックス

マンガは兄の影響が強いですね。あと小学4年生で札幌に引っ越したころアニマックスに出会ってそれでアニメ三昧。お兄ちゃんのジャンプを借りて読んだりとか。小さいころはセーラームーンのグッズがほしくて、おじいちゃんに買ってもらったりしていました(笑)。

### ハイスクール声優ライフ

中学生のころは『テニスの王子様』(以下テニプリ)にはまって、部活もテニス部で、でも普通の中学生でしたよ。高校で女子校に入って、アニメ好きの友達ができて、一緒に声優のライブに行ったりするようになったことが全ての始まりですね。

小学4年生のとき、アニマックスに出会ってそれでアニメ三昧
ERIKA
WOTOME ROOM 16
ヲ乙女スタイル：アニメ・声優

その子が声優さんにとても詳しくて、「こんな声優さんがいるよ」と写真を見せてくれたんです。それがかっこよくて、それでその声優さんが出ているアニメを観るようになりました。

友達とはよくお泊まり会して、アニメを観たり声優さんのライブのDVDを観たりしています。ビッグサイトでやる**キャラホビに徹夜で並んだりとか**。その間も声優さんのこととかずーっと話しています。

一番アツかったのはマクロス。最初はがんばってチケットを取ることができたんですが、次にパシフィコ横浜でやったのはチケットが取れなくて、外で音漏れするのをずっと聞いていました（笑）。

高校生のときに「20歳までにコスプレしたいね」って話をしていてコスプレもしました。

## 秋葉原案内所

大学に入ってから、あまりにもアニメを観すぎということで、アニマックスの登録を解除されてしまって（笑）、それからはパソコンを使って調べたり動画を楽しんだりしてますね。それと、アルバイトを始めました。ほんとはメイド喫茶がよかったんですけど、探していた時期だと、時給の良

いところがあまり良くなくて。それでもっと調べてたら秋葉原のガイドをする仕事を見つけて。しかも**メイド服を着用で時給もいい**んです。それで応募しました。あと、高校のころから秋葉原は遊びに行っていた場所なので、交通費をもらって仕事した後に秋葉原巡りができるなんて最高じゃないですか。

最初は色んなショップの場所を覚えることが大変でしたね。まんだらけとかアニメイトとか、メジャーな場所は行っていたのでよかったんですが、問屋さんとかもあって、色々知らないお店がいっぱいでした。

バイトをしていて、一番よく聞かれる質問が、**「メイド喫茶はどこですか？」**という漠然としたもの。メイド喫茶はたくさんあるので、「どういうお店がいいですか？」と詳しいことを聞いて、その人に合ったメイド喫茶を紹介するようにしています。

## バイトを始めてから

もっとアニメが好きになりました。秋葉原に行くと、アニメの広告やポスターがどこかしらに貼ってあるので、気になって見ちゃいますね。パソコンだと自分で調べないといけないけど、アキバに行けば常に新しい情報があるので、アニメの知識が飛躍的に増えました。趣味と実益が両方兼ねられて、とても助かります。

## サブカル大使

中国語を習っていて今度、中国に留学します。いつかは中国語を活かした仕事につきたいですね。この仕事を始めるようになって、観光業界に興味を持ったので、いつかは日本のサブカルチャーを紹介できる仕事につけたらいいですね。

ERIKA

◉ 1990年5月15日生まれ
AB型
2010年9月から1年間中国に留学。中国で大きいコスプレ大会があると聞いたので、それはランカの衣装を持って参加しないと（笑）。友達もたくさん作りたいですね。

# Yuri Ichikawa

WOTOME ROOM 17

ヲ乙女スタイル：ゲーム・ブタ

できれば殺伐とした雰囲気の作品に声優として出たいです。

ヲ乙女の部屋17

# 市川友理

## BLとダークな世界を好む声優のたまご

### 放課後ゲーム生活

小学校のころ、スーパーファミコンの『スーパーマリオカート』がきっかけでゲームって面白いなって思って、放課後は家にランドセルを置いてから誰かの家にゲームをしに行くことが一番の楽しみでした。女の子たちがたまごっちにハマっていたときも、私は何故か**デジモン**にハマってました(笑)。

### 暗黒の中学BL時代

中学に上がって、BLの世界に突入しました。きっかけは、友達が休み時間に小説を読んでるのを見て、挿絵がきれ

いで興味を持って聞いてみたんです。最初はその子も隠していたけど、しつこく聞いてみたら「刺激の強い本かもしれないよ」って見せてくれてました。そのとき読んだのは『お金がないっ』という小説です。その話は主人公の受（うけ）が借金を背負わされて、オークションで売られちゃうんです。そしたら攻（せめ）の人が一番高い値段で受を買って愛情がめばえていく。今でも覚えてますね。あんまりさわやかな感じじゃなくて、**ちょっとダークなところが気に入りました。**

コミケに初めて行ったのは中学生のとき。BLを貸してくれた友達に連れられて。これがきっかけでもっと読みたいと思うようになり、ネットが整っていたので同人サイトを巡り始めました。

そこでハマっていたのがBLのなりきりチャット。オリジナルのキャラを作って、受か攻かを選んでプレーするんです。**私は受が多かったです。**チャットする世界観もさわやか系からダーク系とあるんですが、中2だったのでひたすら**ダーク系**で(笑)。

部活は演劇部に入っていました。演劇部ってオタク率が高いんですよ。アニメやゲーム、声優さんが好きな子が集まっていて、お芝居をするようになって、声優に興味を持つようになりました。

## 12キロ減ダイエット

高校は女子校でアニメマンガ部に入りました。みんな黙々とマンガを描いていました。合宿で海の近くに行ったはずなのに、海に行った記憶もないです(笑)。

高1の夏休みまではけっこう太っていたので、一念発起してダイエットして、12キロくらい痩せたんです。新学期になって学校に行ったら、「最初誰だかわかんなかった」って言われて、すごく嬉しかったですね。

将来は声優と決めていて大学は全く行く気がしませんでした。みんなが受験しているころに、養成所を選んで、卒業してすぐ養成所に入りました。

## やっぱり声優が好き

養成所在学中に声優ユニットのオーディションがあって、それに受かって、ユニットでCDデビューをしました。そのあとにアーケードゲームの声をあてたりもしましたが、色々あってちょっと疲れてしまい**辞めて引きこもったんです。**でも、声優の世界には未練がありました。それで仕事をどうしようかネットで調べいる時、今の職場となる『声優のたまご』を見つけたんです。まだチャンスが転がってくるかもしれないと思って、応募しました。

今は声優のたまごの中でユニットを組んでライブ活動をさせてもらってます。次はゲームがすごく好きなので、ゲームの声があてたいです。できれば**殺伐とした雰囲気の作品**に出たいですね(笑)。声優のたまごは声優が好きだったり、声優を目指してがんばっている子が集まっているところです。目標に向かってがんばっている私たちを応援してください！

市川友理
Yuri Ichikawa

◉12月29日生まれ／B型
コンセプトカフェ＆BAR
「声優のたまご」所属
店舗オリジナルユニットのメンバーとしてライブ活動中

# 成田優希

## ゲームセンターの出会いから フィギュア原型師を目指して

### 可愛い女の子に反応

生まれも育ちも青森県の西津軽です。家の周りは全部田んぼで、子どものころは川に笹舟を流したり、外で遊ぶことが多かったですね。父親がゲームやプラモデルやアニメが好きだったので、ビデオとかはよく一緒に観ていました。そのころ観ていた中で覚えているのはエヴァンゲリオン。小学校のころに観て、よくわかんないけど女の子が可愛いなと思いました。でも、自分も女の子なのに女の子が可愛いって変かなと思って、誰にも言わなかったんです。何かにグッときていたけど、それが何かわからなかったですよ。

とにかくフィギュアに関係している仕事につきたくて

Yuki Narita
WOTOME ROOM 18

ヲ乙女スタイル：フィギュア

## カヲル君、こんにちわ。

　中学のときに友達とゲーセンに行って、UFOキャッチャーでエヴァのフィギュアがあったので、やってみたら取れたんですよ。それで興奮して(笑)、そこからフィギュアを集め始めました。**そのとき取れたのはカヲル君です。**それからゲーセンは顔を出して、フィギュアがあったらやってました。おもちゃ屋さんが近くになかったので、そのころはゲーセンのフィギュアしか知らなかったんです。中3か高1くらいでネットの環境が整って、いろいろ調べてみると、もっといいフィギュアがあるっていうことを知って。それからおこづかいを一生懸命貯めて買うようになりました。

　フィギュア好きの友達もできて、その子から中古のフィギュアショップがあるっていうのを聞いて、そこにも行くようになりました。家からはちょっと遠かったんですけど、毎週見に行ってましたね。中古なので逆に高くなっているものもあって、買えないんけどショーケースに飾ってあるのを見に行ったりして。そのお店がチェーン展開をしていたので、遠くの店舗に行こうって、時間をかけて電車に乗っていったこともあります。普段の生活の中では食玩のミニフィギュアを集めて、高級品はお正月に買おうって決めて(笑)。あとはおこづかいをちょっとずつ貯めたり、情報収集に明け暮れてました。

　そのころのマンガは、『ジャンプ』を毎週読んでました。最初はお父さんが買ってきて、途中からは自分で買って。他に読んでいたのは『マガジン』と『ガンガン』。『鋼の錬金術師』が好きだったので、ガンガンも買うようになりました。

## 原型師さん

　原型師さんについては、まだまだ勉強中ですが、かわにしけんさんのフィギュアが好きです。中古ショップで初めて原型を買ったのはかわにしさんの猫耳綾波とモンキーアスカなんですね。数は集められなかったけど、ネットを見ていてかわいいなと思うと原型がかわにしさんだったことが多かったです。他はメーカーは気にせずに、見た目がかわいかったら買っていました。ほとんど安いものばかりだったんですが、高校卒業するくらいになると、メタルラックにずらっと並べるくらいにはなりましたね。

## 夢を抱いて

　高校を卒業して、しばらくは地元で働いていました。本当は原型師になりたくて、ホビー関係の仕事につきたかったけど、青森ではそれは難しくて。かといって上京するお金もなかったのでフリー

ターをしていたんですが、そうも言ってられないと思って、ぎりぎりのお金しか持ってなかったけど上京して、友達の家に泊めてもらったりしながら仕事を探しました。とにかくフィギュアに関係している仕事につきたいと思っていたんです。それで今の職場の求人を見つけました。もうここしかないと思って応募したので、受かってよかったです。

## フィギュア三昧

高校のときに感じていたフィギュアの魅力は今でも変わってないですね。高いフィギュアは買わないようにしてるんですけどやっぱり買っちゃいます（笑）。それほどではなくて、手が届きやすいもの、figma なんかはちょっと安いので、た興味があるものが出たら、あれもこれもと買っちゃいますね。

おすすめのフィギュアはメガハウスのクイーンズブレイドのシリーズ。色んなパーツをキャストオフ（着脱）して、肌が露出しちゃうんですけど、どっちで見ても完成度がすごいんです。

他のジャンルにも手を出したくて、今はドールも興味がありますね。着せ替え人形が好きなので、ぜひ集めたいと思ってるんですが、値段が高いので手が出せないですね。**自分が着ている服より人形が高い服を着てるなんて（笑）。**もうちょっと経済的に余裕が出てきたら買いたいです。

## 将来の夢

今はフィギュアに囲まれて働いているので、毎日たくさんフィギュアを見て目を養って、いつか自分でもいいフィギュアを作りたいなと思います。長年の夢なのでポリパテで完成品を作りたいです。

成田優希
Yuki Narita

◉1989年9月30日生まれ
青森県出身／O型
フィギュア原型師を夢見て上京。
現在秋葉原駅目の前にあるラジオ会館内コトブキヤショップにて販売スタッフのアルバイトをしつつフィギュアについて猛勉強中。

第三章

# ヲ乙女のデータ《をとめの(きもち)》

現実世界《リアル》との付き合い方、ヲ乙女たちへ匿名アンケート。

WOTOME of DATA

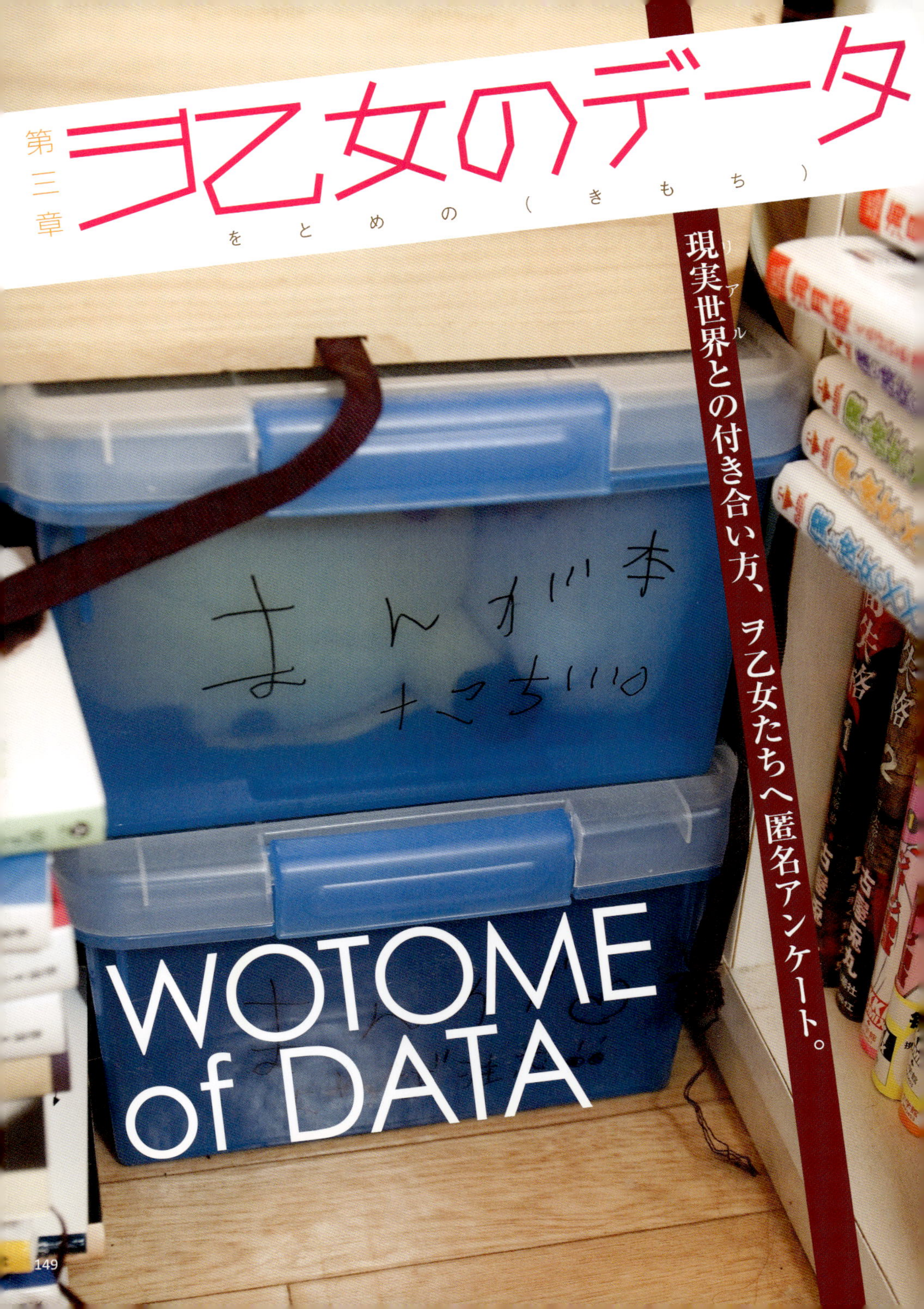

# WOTOME of DATA

ヲ乙女図鑑　出演者匿名アンケート結果

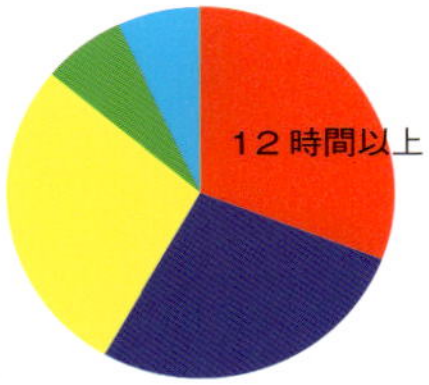


Q1

## Q1 ／ 1 週間で趣味に費やす時間は ...

- 12 時間以上／ 31.0%
- 6 時間以上／ 27.6%
- 24 時間以上／ 27.6%
- 3 時間以上／ 6.9%
- その他：／ 6.9%

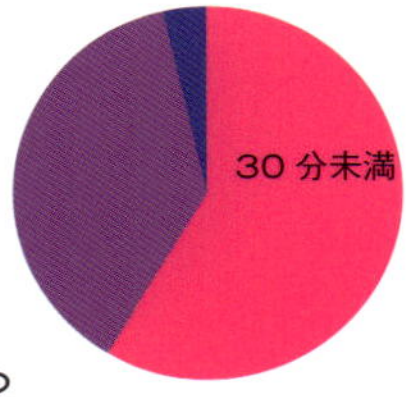


Q2

## Q2 ／ 1 回の化粧にかける時間は ...

- 30 分未満／ 58.6%
- 30 分以上～ 1 時間未満／ 37.9%
- 1 時間以上～ 2 時間未満／ 3.4%

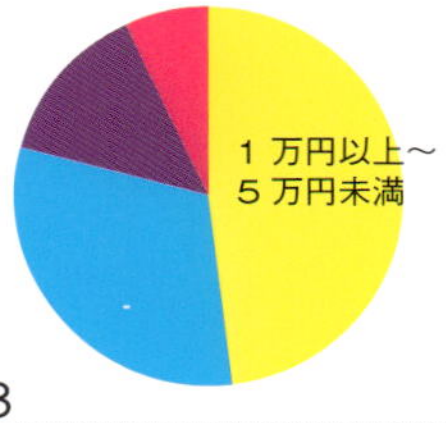


Q3

## Q3 ／ 1 回のお買い物で自分の趣味に費やせる金額は ...

- 1 万円以上～ 5 万円未満／ 48.3%
- 金額は関係ない／ 31.0%
- 1 万円未満／ 13.8%
- 10 万円以上 30 万円未満／ 6.9%

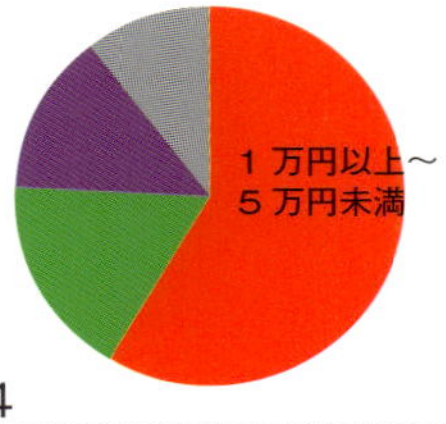


Q4

## Q4 ／ 1 回のお買い物で自分のオシャレに費やせる金額は ...

- 1 万円以上～ 5 万円未満／ 58.6%
- 1 万円未満／ 17.2%
- 5 万円以上 10 万円未満／ 13.8%
- 金額は関係ない／ 10.3%

※個人の特定を避けるため％表示にしています。

## Q5 ／ これまでに自分の趣味に費やしたおよその金額は …

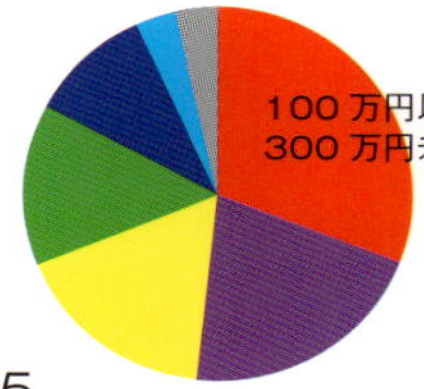


- 100 万円以上～ 300 万円未満／ 31.0%
- 10 万円～ 50 万円未満／ 20.7%
- 500 万円以上～ 1000 万円未満／ 17.2%
- 50 万円～ 100 万円未満／ 13.8%
- 300 万円以上～ 500 万円未満／ 10.3%
- 1 万円～ 10 万円未満／ 3.4%
- 1000 万円以上／ 3.4%

## Q6 ／ 今まで自分のオシャレに費やしたおよその金額は …

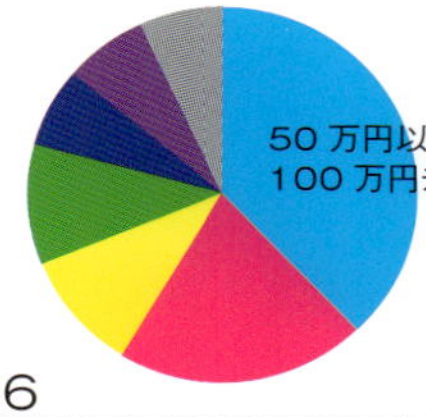


- 50 万円～ 100 万円未満／ 37.9%
- 100 万円以上～ 300 万円未満／ 20.7%
- 10 万円～ 50 万円未満／ 10.3%
- 300 万円以上～ 500 万円未満／ 10.3%
- 1 万円～ 10 万円未満／ 6.9%
- 500 万円以上～ 1000 万円未満／ 6.9%
- 1000 万円以上／ 6.9%

## Q7 ／ 初めて会う人に、自分の趣味を隠しますか？

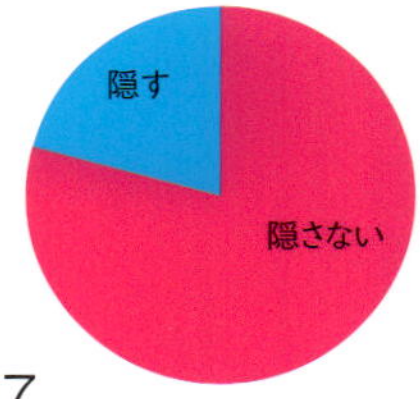


- 隠さない／ 79.3%
- 隠す／ 20.7%

## Q8 ／ 2 次元と現実の彼氏との優先順位はどちらが上ですか？

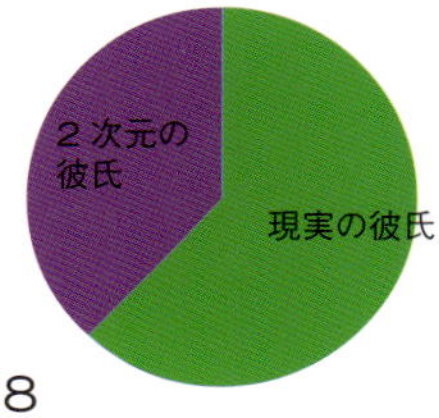


- 現実の彼氏／ 62.1%
- 2 次元の彼氏／ 37.9%

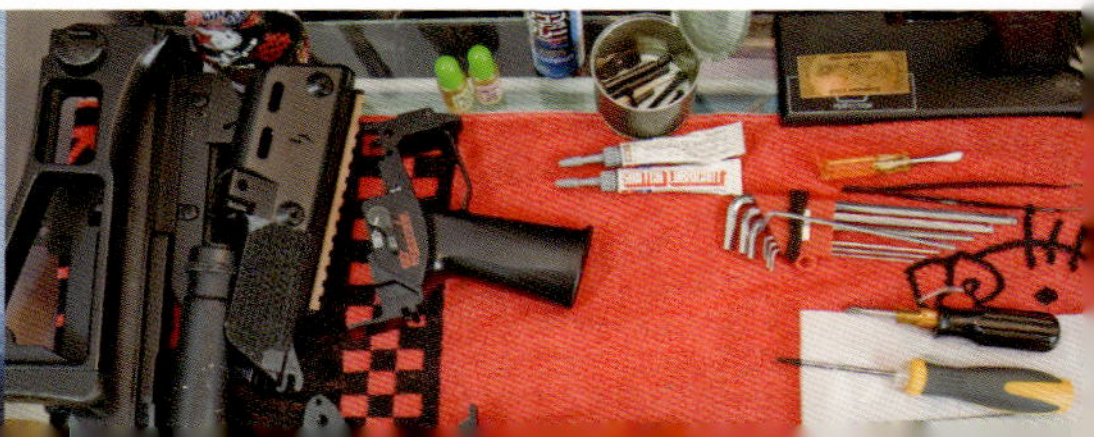

## 彼氏に趣味を理解してもらえなかった場合どうしますか？

—自由回答より選出—

私の趣味が嫌で離れていくなら、
**その程度の人**
だったという事で…。

隠れてでも趣味を貫くw

魅力を教えたり、時間をかけてできるだけ理解してもらえるように**頑張る。**

強要はしないですが、彼の好きなことにつながりそうに自分の趣味を話したりします。

最初は趣味だったことが、もはや趣味の枠を越えて仕事になってしまっているので、理解してもらえない人とは**お付き合いできません。**

付き合う前にそれとなく、自分の興味の対象のヲタ系の話題をふってみて相手の反応を見ます。彼氏に隠し事はしたくないので嫌がられるようだったらはじめからお付き合いはしないです。

**そういう男は彼氏にはなれない**

**そもそも付き合わない。**

**染めていきます。**
どうしても染められなくてもせめて一緒にアニメを観るぐらいにはなって頂きます。その代わりきちんと、彼氏の趣味にも付き合っていきます！

**ひとりで楽しむ。**

勝手にする。

そういう方とは
お付き合いできません！

**別れます（笑）**

理解されなくても、
自分の道を突き進む！

理解してもらえるまで 自分の趣味の良いところをアピール
それか 理解してくれないような人とはお付き合いしないかも。。。

理解してもらえなくても、他に相性が合えば気にしません。
でも、理解はしなくていいけど、否定はされたくないかな…。

WOTOME of DATA

## もし3つの願いが叶うとしたら何を願いますか?

―自由回答より選出―

① お金がほしい
② 韓国ドラマ『イケメンですね』に登場するカン・シヌさんと結婚したい
③ 世界平和

① 美少女フィギュア体型になりたい!
② コレクションルームがほしい
③ 二次元世界の住人になりたい!

① 一生自分だけを一途に愛してくれる人!
② 何事にも負けない強い心!
③ もっと可愛くスタイル良くなりたい!

① 金
② 地位
③ 家族の健康

① もしもボックスが欲しい。
② 保育園からやり直したい。
③ 永遠の若さ

① 幕末にタイムスリップ
② 龍馬と新婚旅行
③ 薩長同盟に立ち会いたい

① 美少年に変身
② 永遠の若さ
③ とにかく運気を上げたい

① 趣味を一生満喫できるお金
② 不老!
③ 足だけ 10cm伸びてほしい

① 変身能力が欲しい!
(もちろんテクマクマヤコンで w)
② 二次元に行きたい
③ 瞬間移動出来るようになりたい

① 国内ぜーんぶの列車に乗れるチケットが欲しい!
② 新幹線の食堂車復活!!
③ 廃線跡が現役やったころにタイムスリップ!!!

① お金
② お金
③ ドラえもん

① アニメの世界に行きたい
② 声優になりたい
③ 家がほしい

① 大富豪と結婚する
② 地球上から戦争を無くしてもらう
③ ドラゴンボールを 7 つ集めて神龍をよぶ

① 好きなジャンルをもっと有名に
② 眠くならない体が欲しい!
③ 一日がもっと長ければいい!

# WOTOME index

ヲ乙女図鑑　出演者索引

## 046……オオゴシ*トモエ　Tomoe * Ogoshi

ヲ乙女スタイル：プラモデル・模型

☐ 特技：利き塗料（?）最近、塗料の中の顔料の香りで何色なのかがわかるようになりました……。

☐ Web：http://www.054taste.jp/

☐ blog：http://ogoshi.otaden.jp/

## 052……斉藤雪乃　Yukino Saito

ヲ乙女スタイル：鉄道

☐ 特技：ピアノ・声楽・鉄旅でおもろいものを発見すること☆

☐ blog：http://ameblo.jp/yukino-maimu/

☐ twitter：yukino520

## 058……史絵.　Shie.

ヲ乙女スタイル：鉄道

☐ 特技：鉄道のことを考える

☐ blog：http://ameblo.jp/shie-rail/

☐ twitter：http://now.ameba.jp/shie-rail/

## 062……北村ひとみ　Hitomi Kitamura

ヲ乙女スタイル：マンガ

☐ 特技：ピアノ・フルート・マイナス思考

☐ blog：http://ameblo.jp/kitamura-hitomi/

☐ twitter：kitamurahitomi

## 066……加戸ひなた　Hinata Kado

ヲ乙女スタイル：カード・アニメ

☐ blog：http://ameblo.jp/card-hinata

## 069……第二章　ヲ乙女の部屋（なか）

WOTOME ROOM

## 070……乃亜　Noa

ヲ乙女スタイル：ゲーム

☐ 特技：責め（いろんな意味で）

☐ blog：http://blog.livedoor.jp/sodnoa/

☐ twitter：NOA19840112

## 007……第一章　ヲ乙女の世界（こと）

WOTOME WORLD

## 008……加藤夏希　Natsuki Kato

ヲ乙女スタイル：アニメ・マンガ

☐ 特技：スキー

☐ blog：http://ameblo.jp/natsukiblog/

☐ twitter：natu_c

## 016……喜屋武ちあき　Chiaki Kyan

ヲ乙女スタイル：アニメ・マンガ

☐特技：好きなアニメの話しを何時間でもできる・ガンダムツッコミ

☐ blog：http://ameblo.jp/kyan-chi/

☐ twitter：kyanchiaki

## 022……鈴木 咲　Saki Suzuki

ヲ乙女スタイル：アニメ・マンガ

☐特技：ヘアーカット・喧嘩してる猫の鳴きまね

☐ blog：http://yaplog.jp/1987113/

☐ twitter：suzukisakiika

## 026……松島初音　Hatsune Matsushima

ヲ乙女スタイル：ゲーム・マンガ

☐ 特技：料理・イラスト

☐ blog：http://ameblo.jp/matsushimasu/

## 032……杏野はるな　Haruna Anno

ヲ乙女スタイル：レトロゲーム・レーザーディスク・80年代ホビー

☐ 特技：好きなものに揺るがない

☐ blog：http://blog.livedoor.jp/tokyozukananno/

☐ blog：http://ameblo.jp/annno-haruna/

☐ twitter：annoharuna

## 038……能登有沙　Arisa Noto

ヲ乙女スタイル：ガンプラ・アニメ

☐ 特技：書道・ダンス

☐ Web：http://www.notoarisa.com/

☐ blog：http://ameblo.jp/noto-arisa/

☐ blog：http://ameblo.jp/gunpla-style/

☐ twitter：notoarisa

## 126……コノミ・アキラ　Akira Konomi
ヲ乙女スタイル：コスプレ
☐ 特技：スキー・殺陣・ものまね
☐ blog：http://ameblo.jp/akira-cos/
☐ twitter：akiracos

## 130……エリア.91　Area.91
ヲ乙女スタイル：アニメ・マンガ
☐ 特技：高飛び込み
☐ Web：http://www.cosp.jp/prof.aspx?id=12306
☐ blog：http://ameblo.jp/09-01/

## 134……黄々　Kiki
ヲ乙女スタイル：ゲーム
☐ 特技：料理。短時間睡眠。
☐ blog：http://ameblo.jp/kiki0219/
☐ twitter：kiki0219

## 136……上住マリア　Maria Uezumi
ヲ乙女スタイル：アニメ・マンガ・男性向けADV
☐ 特技：歌うこと・イラスト描くこと
☐ blog：http://ameblo.jp/u-maria/

## 138……彩夏　Ayaka
ヲ乙女スタイル：フィギュア・メイド
☐ 特技：UFOキャッチャー・楽器演奏（ベース）

## 140……イズナ　Izuna
ヲ乙女スタイル：ストリートファイター
☐ 特技：イラスト疾描き（はやがき）
☐ Web：http://www.geocities.jp/dekosukeninja
☐ twitter：izunakanon

## 142……ERIKA
ヲ乙女スタイル：アニメ・声優
☐ 特技：フラフープ

## 144……市川友理　Yuri Ichikawa
ヲ乙女スタイル：ゲーム・ブタ
☐ 特技：お菓子づくり、パフェの早食い
☐ blog：http://ameblo.jp/tamago-yuntaso/

## 146……成田優希　Yuki Narita
ヲ乙女スタイル：フィギュア
☐ 特技：フィギュアのためなら苦労を惜しまないこと!

## 078……七海綾音　Ayane Nanami
ヲ乙女スタイル：マンガ・魔法少女・仮面
☐ 特技：おべともちゃんとおじゃる丸のものまね
☐ blog：成人向け（七海）：http://nanamin.sblo.jp/
☐ blog：健全（ななみん）：http://ameblo.jp/nanamin-oshigoto/
☐ twitter：nanamiayane

## 084……天野あいa.k.a. julie　Ai Amano a.k.a. julie
ヲ乙女スタイル：弐次元
☐ 特技：一眼レフ写真撮影、レトロゲームが得意です
☐ blog：http://ameblo.jp/amanoai/
☐ twitter：JulieWatai

## 090……サオリリス　Saolilith
ヲ乙女スタイル：アニソン・アニメ・サバイバルゲーム
☐ 特技：DJ
☐ blog：http://ameblo.jp/saolilith-blog/
☐ twitter：saolilith

## 096……原田まりる　Mariru Harada
ヲ乙女スタイル：アニメ・マンガ・ゲーム・二次元
☐ 特技：マンガソムリエ
☐ blog：http://www.famitsu.com/blog/mariru/
☐ twitter：HaraDA_MariRU

## 102……美甘子　Mikako
ヲ乙女スタイル：歴史（特に幕末、龍馬）
☐ 特技：幕末の志士の変名や辞世の句が言えること。
☐ blog：http://ameblo.jp/mikako426/
☐ twitter：rekish_mikako

## 110……小日向えり　Eri Kohinata
ヲ乙女スタイル：歴史
☐ 特技：歴史上人物のものまね
☐ blog：http://yaplog.jp/hina-photo/

## 116……相原みぃ　Mii Aihara
ヲ乙女スタイル：ミリタリー
☐ 特技：クレー射撃・サバイバルゲーム
☐ blog：http://ameblo.jp/love-shooting/
☐ twitter：aihara_mii

## 122……乙夜　Itsuya
ヲ乙女スタイル：ミリタリー
☐ 特技：ピアノ・お絵かき・ラペリング（ロープ降下）
☐ blog：http://miridoru.militaryblog.jp/
☐ twitter：miridoru

# いつか「ヲ乙女」がオタク女子の代名詞となる日を夢見て

## 制作日記

「オタクの女子って腐女子と違うの?」こんなことを制作中に友人から聞かれたことがあります。決して一括りでまとめられることではないので「そういう子もいれば違う子もいる」と答えました。

友人は、よくわからないという顔をしていたので「オタクの男子が全てロリコンではないこと。ロボットや特撮に夢中になっている男子もいるように、女子にも色んな人がいる。」と付け加えると、「じゃあ、腐女子の他にはどんなオタクがいるのか?」と返されてしまい、「男性のように萌え属性を楽しんでいる人や、ゲーム、プラモ、サバゲに夢中になっている女性もいる。」と、やりとりをしながら、本書ができあがっていたらどれだけ説明が楽か……と、痛感したことがあります。

## 終幕【エンドロール】

「オタク」という言葉だけで、人によっては「腐女子」や「ロリコン」といった偏ったイメージを抱かせる場合があるので、ひとつの方向に偏らないように取材を進めました。

それと、当たり前なんですが、誰しも生まれついてのオタクではありません。なぜそうなったのか？普通の生活から“そうなるきっかけ”となる、**岐路を探す**ことにも重点を置いて話を伺っています。

本書を通じて、それぞれの趣味に傾倒する彼女たちの**起源**と**本音**を知ることで、飾らない**「ヲ乙女」**を近くに感じてもらえたら幸いです。

余談ですが、「ヲ乙女の部屋」は、各都道府県ごとに取材して、全国版として完成させたいと考えております。

本書籍を制作するにあたり、スケジュール調整や取材打診、版元確認をしてくださった壽屋営業部の吉川さん、戸田さん。尽力いただきました全ての関係者の皆様に感謝いたします。

そして、私の拙いインタビューとアンケートに、快く応じてくださったヲ乙女の皆様に心から御礼を申し上げます。

ヲ乙女という言葉が、いつかオタクの女性を象徴する代名詞となるよう、引き続きヲ乙女たちの取材を続けていきたいと思います。

2010年8月　田中秀幸

## □取材協力先

022……アプレシオ新宿ハイジア店
東京都新宿区歌舞伎町 2-44-1
TEL 03-3205-7336
http://www.aprecio.co.jp/shinjuku/operation.php

026……スーパーポテト　秋葉原店　<レトロ館>
東京都千代田区外神田 1-11-2 北林ビル 3F/4F/5F
TEL 03-5289-9933
http://www.superpotato.com/retro_world.php

046……模型ファクトリー
東京都新宿区新宿 3 丁目 1-26 新宿マルイ アネックス 7 階
TEL 03-6457-7735
http://mokei-factory.com/

052……鉄道博物館
埼玉県さいたま市大宮区大成町 3 丁目 47 番
TEL 048-651-0088
http://www.railway-museum.jp/top.html

058……東京交通局・荒川電車営業所
東京都荒川区西尾久 8-33-7
TEL 03-3893-7451
http://www.kotsu.metro.tokyo.jp/toden/index.html

062……まんだらけ
株式会社まんだらけ 中野店
東京都中野区中野 5-52-15
TEL 03-3228-0007
http://mandarake.co.jp/

## □協力（五十音順）

秋葉原案内所（運営：株式会社ニューウェーヴ）
秋葉原　声優のたまご
株式会社カプコン
株式会社サンライズ
株式会社任天堂
株式会社ライデンシャフト

THE WOTOME BOOK

奥付

# ヲ乙女図鑑《をとめずかん》

発行人 清水一行

著　者 田中秀幸
本書にて企画構成・取材・撮影・デザイン・編集を担当。
壽屋より世界中で発売されている、『OTACOOL』
シリーズ全ての編集と製作も手がける。
1999 年リクルート主催
第11回ひとつぼ展写真グランプリ受賞。
現在フリーの写真家・デザイナーとして活動中
http://tanakahideyuki.net/

編　集 菊池 絢

発行所 株式会社壽屋
〒190-0012
東京都立川市曙町 1-18-2
一清ビル 5F
042-522-9810（代表）
http://www.kotobukiya.co.jp/

発売元 株式会社新紀元社
〒101-0054
東京都千代田区神田錦町 3-19
楠本第 3 ビル 4F
03-3291-0961（代表）
http://www.shinkigensha.co.jp/

印　刷 株式会社サンニチ印刷

2010 年 10 月 5 日　初版第 1 刷発行


ISBN 978-4-7753-0850-9

KOTOBUKIYA BOOK

# Information

## コトブキヤ出版の最新情報はコチラから

**OTACOOL**
WORLDWIDE OTAKU ROOMS

日本×世界×オタク文化=OTACOOL。世界中から投稿されたオタク部屋が大集合! 日本のみならず海外においても発売中。

**OTACOOL2**
WORLDWIDE COSPLAYERS

日本発祥のコスプレ文化が世界を覆う! 進化を続けるコスプレイヤーたちのレベル。想像を超える創造の世界がここに大集結!

**OTACOOL3**
WORLDWIDE WORKSPACES

世界シリーズ第3弾は「机」がテーマ。効率を求める仕事机、レイアウトでも見せる作業スペース。過去最高の参加33カ国の机を収録!

**全シリーズ**　定価：本体1,500円＋税

http://kotobooks.kotobukiya.co.jp